김상연 에세이

시간의 얼굴

디시랑

시간의 얼굴

초판인쇄 2023년 9월 5일
초판발행 2023년 9월 11일
지 은 이 김상연
펴 낸 곳 도서출판 디 시 랑
펴 낸 이 신진호
출판등록 제2002-000017호
주 소 서울시 동작구 사당로 8 (상도동)
전 화 (02)812-3694(代)

ISBN 978-89-97756-73-5

정가 15,000원

작가의 말

글을 쓰는 동안
지구촌이 몹시 아팠다.
그 음영이 글밭에도 묻어났다.

그래도
태양은 제 몸 굴려서
높고 낮은 곳에 꽃을 피우고
열매를 달아놓곤 한다.
바람도 제 몸 풀어서
구석구석 안부를 물어 나른다.

문장들이 들어선 갈피마다
찍힌 자국에 겹쳐지는 제자리걸음,
진부하다는 고심 끝에
'그래도'라는 여망에 나도 편승 한다.
나름 멈추지 않은 날갯짓이었다고
그냥 엮기로 한다.

누군가와 더불어
세상을 써레질 하고 싶은 바람으로.

'23. 가을문턱에서 **김 상 연**

차 례

제 1 부

제 2 부

차 례

제 3 부

제 4 부

차 례

제 5 부

제 1 부

빙색 짙어가는 이 땅
어찌하면 좋아

해답은
숨 쉬는 시간마다
알고 있다고
가슴치며 동동거리는
겨울 바람!

'21. 정초 상연

얼마만큼의 토닥임이 진정한 위로가 될까

삶에는 온도가 있다. 적정한 온도는 심신을 편안하고 건강하게 한다. 그 중에서도 민감하게 작용하는 것은 언행의 온도가 아닐까 싶다. 너무 뜨거우면 마음이 데일 것이고 지나치게 차가우면 얼기도 할 테니까.

무소식이 희소식이 아닐 때가 종종 있다. 계절의 변화처럼 기어코 오고야마는 병로사病老死에서 자유롭고 의연한 사람은 아무도 없을 테니 말이다. 그것은 갑작스럽거나 서서히 침투해서 창문을 열기조차 두려운 아픔과 절망으로 우리를 몰아가곤 한다.

지인이 오랜만에 전화를 걸어왔다. 반가운 나머지 심

연에 가라앉은 언어가 통통 튀어 올랐다. "어머나! 얼마만이예요?" 나는 여름 숲처럼 호연한 웃음으로 궁금증이 배어든 반응을 한다.

전화가 끊겼나 싶을 정도로 한동안 정적이 감돌았다. "소식 못 들었나 봐요. 남편을 보낸 지 일 년이 다 되어가네요. 아무 일도 손에 잡히지 않았어요. 아직도 그렇게 지내고 있답니다" 비온 뒤 나무처럼 맑고 싱그러운 한 쌍이었다. 블랙홀로 빨려 들어간 듯 막막한 울림에 이번엔 내 쪽에서 할 말을 잃었다.

모처에서 책을 만드는 일을 하고 있어 가끔 원고 청탁을 해오던 그가 한동안 뜸했다. 무의식중에라도 무슨 잘못을 했나 싶어 샅샅이 가슴을 뒤져봐도 찝찝하거나 켕기는 게 없어 덤덤하게 지내고 있던 터다. 아무 근거도 없이 사람을 굴리면서 예단하는 가벼움은 얼마나 위험한 일인가.

그의 몇 마디 행간에서 삭풍 이는 길목에서 갈길 모르는 미아처럼 떨고 있는 모습이 읽힌다. 위로라는 이름으로 던지는 이웃의 몇 마디가 생채기를 긁어대는 바람에 그동안 문을 꼭꼭 닫아걸었다고 한다. 말에는 운동력이 있어 사람을 죽이기도 하고 살리기도 하니까. 세상 밖으로 도망치고 싶은 가슴앓이를 그런 식으로 꾹꾹 누르면서 숨고르기를 했을 것이다.

캄캄한 밤길을 헤매다가 발견한 오두막의 불빛이 반가움과 동시에 무서움을 가져다주기도 하는 불편을 겪고 있는 지금. 어디서 누구를 만나더라도 선뜻 다가서고 싶지 않았으리라. 외로운 바람이 일렁이는 그를 멀찌감치 지켜보다가 오늘처럼 손 내밀면 끄덕끄덕 잡아주고. 그늘이 엷어지기를 기다릴 수밖에.

대수롭지 않게 던지는 말이 누군가의 가슴에 닿는 순간 꽃으로 피어나기도 하고 가시로 박히기도 한다. 숨쉬기도 힘들어 허우적거리는 사람에게 명언처럼 반드르르한 간섭은 금물이다. 상투적인 충고도 무용하다는 걸 우린 망각하곤 한다.

일상적인 풍경 속에서 마주하거나 스치는 소소한 것들에 사람들은 의외로 예민하다. 특별하지도 유별나지도 않은 사람이 모여 사는 구석에서 체감하는 푸근한 온도. 거기에는 살아갈 이유가 있고 살아내야 할 가치가 충분하다는 메시지가 반달처럼 떠 있다.

참다운 인정과 인간미를 어떻게 발현하고 살아야 할까. 부드러운 바람이 가만가만 꽃을 흔들어 주고 지나가듯, 따스한 햇살 한 줌이 나목을 어루만지듯, 말보다는 마음이 먼저이면 그만일 텐데. 나도 너도 온도를 조절하지 않은 말을 함부로 쏟아내서 상처를 주고받곤 한다.

안으로 품고 있는 언어가 곱게 방긋거리면 무언중에도 그 향기가 품어져 나올 것이요. 어디론가 흘러가도 척박한 땅을 적시지 않을는지.

쉽고도 어려운 것이 언어의 기술이 아닌가 싶다. 얼마만큼의 토닥임이 진정한 위로가 될까. 무미건조하고 때론 가시 돋친 언어를 습관적으로 쓰고 있지는 않은지 돌아보면서 하루를 닫는다.

소리 결

창문을 두드리는 아침햇살을 참새가 먼저 쪼아 먹는다. 이른 눈뜸이든 늦은 눈뜸이든 제 몫이 그대로인 햇볕의 공평함에 살맛이 되살아나곤 한다.

밤새 웅크린 몸을 편다. 봄의 왈츠에 엇박자를 타는 우두둑 소리가 제법 경쾌하다. 팔을 뻗으면 사방이 닿을 것 같은 작은 공간이 우주처럼 넓어진다.

그리면서도 의식저변을 흔들어대는 비감에 날아오르려는 의지의 날개가 꺾이기도 한다. 꽃이 떨어지는 속도에 예민해진다. 야속하다 세월을 탓한들 무슨 소용이랴. 무드셀라 증후군 같은 뒤돌아보기는 키우지 말자.

꽃 피는 가슴으로 두근두근 햇살을 밟으면서 길을 만들어가야지. 그 피고 지는 운율에 장단 맞추어 살다 보면 시간의 경계가 허물어질까. 심안은 이미 번거로운 주변을 벗어난 어디쯤에 닿아 있다.

내딛는 걸음이 제법 참신하다. 이웃이 앞을 가로막으며 어딜 가느냐고 묻는다. 이렇다 할 말거리가 없어서 웃음으로 화답한다. 기다리는 사람도 분명한 목적도 없는 나들이다. 노곤하고 숨 막히는 인생길에 바람 길을 터주기 위한 답청踏靑이고 싶어서다. 아스팔트로 뒤덮인 도심을 벗어나 자연을 벗 삼아 살았던 옛사람을 만나러 가는 길이다.

『洄, 지키고 싶은 것들』, 1920년대 근대서화협회에서 활동했던 작가들의 서화 내용을 암시하는 제목이다.화랑 벽 전면에 심전 안중식의 「성재수간聲在樹間」이 걸렸다. 답답한 벽을 허무는 바람소리가 들리는 듯하다.

사월이 이대로 지는가 싶었는데 망외의 즐거움이다. 살아보지 못한 역사에 맞물려 돌아가는 세상과 나의 생애를 화면에 비춰본다. 누구나의 과거와 현재가 공존하는 대지에 봄은 늘 이렇게 새봄으로 온다.

번식하는 전염병과 거기서 파생하는 염려를 잠시나마 내려놓고. 성재수간 그림 앞에 오래 머문다. 격자 창호에 비친 선비의 모습은 달빛처럼 은은하고 차분하다. 묵향이 배어 나오고 책 읽는 소리가 들리는 것만 같다. 깊어지는 고요에서 뿜어져 나오는 삶의 활기다. 안팎으로 소통과 청빈한 삶을 대변하는 저 성근 싸리문. 가만히 밀어보고 싶어진다.

작가가 답청한 그 시의 행간에서 일어나는 바람소리를 듣는다. 쇠락을 부채질하는 가을 풍경을 미리 걸으며 나도 추성에 사로잡혀 옷깃을 여며본다. 구양수의 추성부를 빌려와 성재수간을 그렸다는데, 구양수와 먼저 소통한 김홍도의 '추성부도秋聲賦圖'가 성큼성큼 겹쳐지면서 무상한 가을소리가 배가된다.

가야금 연주자 황병기는 이 작품에서 감동받아 「밤의 소리」를 작곡했다고 한다. 옛사람의 고귀한 자취는 감상자에게 창의적 영감을 불러일으킨다. 세상살이에 지친 나그네들 터벅터벅 오르내리는 길에 빛이 된다.

빠름과 느림은 스스로 조율해야할 정신의 미학이다. 전염병 확산으로 배달음식을 먹는 사람이 늘어난 세상,

오토바이가 거리를 누빈다. 얼마나 급히 달리는지 모른다. 사방에서 뿜어져 나오는 이산화탄소로 대기가 탁해진다. 음식을 기다리는 사람도 배달하는 사람도 여유가 없기는 마찬가지 아닐까.

우주의 숨결 따라 움직이되 잠시 멈추고 뒤돌아보는 창의적인 한유. 앞으로 바른걸음을 내딛기 위한 성찰이 아닐는지.

번호 키를 누르고 집안으로 들어선다. 답답한 공간에 '성재수간'을 걸어놓는다. 무한대로 열리는 미지의 삶에 서광이 비친다.

어긋남의 여백

세상 그물망에서 벗어날 수 없는 인간은 때때로 불안하고 어쩌다는 편안하다. 시대 현상이나 조류를 잘 타려면 제 안에 고도의 조절장치가 필요하다. 고민이 깊어지는 이유다. 어떻게 살아야할지 무릎 사이 얼굴을 묻고 바보처럼 울다보면 해답은 의외로 명료해진다.

서로 채워주되 숨 막혀서 덜어내고 싶을 때면 관계망에서 잠간씩 벗어나는 자유로움. 현실을 가감 없이 받아들이고 식제하면서 내면에 여백 만늘기다. 더불어 살되 혼자 즐기는 시공간 창출하기다. 그 맛은 의외로 독특하고 오묘하다.

종로 알라딘(중고서점)에서 친구를 만나기로 했다. 일찌감치 나가서 나스메 소세끼의 『도련님』을 빼들었다. 약속시간이 한참이나 지났는데도 그가 오지 않는다. 무슨 피치 못할 사정이 생긴 걸까, 손 전화부터 살핀다.

에구머니나! 오늘이 아니다. 다음 주 화요일인데 요일만 확인했지 날짜는 건성이었다. 갑자기 내벽에 한기가 서린다. 모드리안 그림처럼 질서정연한 색색의 공간이 밋밋해진다. 그 안에 여러모로 어수룩하고 혜안이 밝지 못한 내가 덩그러니 서 있다. 그런 모자람을 채우느라 책방을 자주 기웃거리는 정서가 길러지지 않았을까 싶기도 하다.

책을 놓기가 아쉬웠는데 마저 읽을 수 있어 차라리 잘 되었다고. 축 늘어진 어깨에 날개를 달아준다. 길을 잘못 드는 바람에 새로운 풍경을 만나서 감동하듯 어긋남의 축복이라고 자위한다. 아예 서점 바닥에 주저앉아 그 다음 페이지를 넘긴다.

우직하고 순수한 주인공 도련님의 시선에 걸린 사건과 사람들, 거장치는 인물에서 야기된 이야기가 활기차게 전개된다. 구성이 단순하다. 문체가 쉽고 간결해서 술술 읽힌다. 재미까지 있어 피서용으로 그만이다.

빌딩 숲이 하오의 열기를 부채질 한다. 청계천으로 자리를 옮겨서 굳어진 몸을 푼다. 서점에서 몇 걸음으로 이어지는 동선이어서 이곳에 올적마다 소소히 즐기는 산책로다. 나무그늘에서 체온을 조절하며 잔잔한 물결 따라 걷는다. 자잘한 생각으로 헝클어진 머리를 빗질하는 도심 속 망중한이다. 회색지대의 불순물을 흡수해서 스스로 정화하는 자연의 경이로움에 매번 가슴이 울컥해지곤 한다.

백로 한 마리가 주위를 두리번거린다. 먹이 찾기에 골똘한 것 같은데 자태만은 한가롭고 의연하다. 참새 떼가 종종거리며 떠드는데도 크게 동요하지 않는다. 다양한 인간군상이 등장한 소설 속 인물 중 선비다운 면모를 갖춘 영어선생을 닮았다. 지켜보는 행인의 시선이 거북했는지 저만큼 날아간다. 더불어 살되 지나친 관심은 거부하고 싶은 날갯짓이다.

삽상한 바람이 분다. 나뭇가지에서 수런대는 이파리들을 들여다본다. 마주보기와 어긋나기로 나무마다 다르다. 어긋나기가 여유로워 보인다. 비바람에 흔들리기도 균형 잡기도 수월할 것 같다.

기운 해를 따라 발길을 돌린다. 여름날 온점 찍기로 매콤한 낙지볶음이 좋겠다. 그리 늦은 시간이 아니건만 생선가게 문이 닫혔다. 무더위에 매슥거리는 속을 달래줄 바람이 빗나갔다.

냉장고 안에서 선택을 기다리는 식료품을 생각한다. 제 구실을 하겠다며 쌍수를 들어 환영하는 그것들을 점검하며 귀갓길을 재촉한다.

인디고 블루 커다란 접시에 빨강 노랑 파프리카를 잘라서 담는다. 오이랑 토마토도 곁들인다. 풍요로운 기운을 발산하는 여름바다 같다. 몸도 나른한데 싱그러운 저녁상에 요리하는 시간도 벌었으니. 어긋남의 소득으로 이래저래 싱글벙글 한다.

하루의 잔상으로 내실이 밝아진다. 해묵은 상자에서 연필 서너 자루를 꺼내서 깎는다. 나무 성질에 따라서 칼날이 유연하게 나가기도 하고 찍찍한 결에 걸리기도 한다. 사람이라고 다르지 않다. 곧잘 동화되어 분위기를 잘 타는 이가 있는가하면 어떤 이는 나름의 기준점에서 벗어나면 끝까지 반기를 들어 상황을 악화시키기도 한다.

소설에서도 그런다. 각양각색 인물의 성격을 살려서 별명을 짓는다. 그 특성에 걸맞은 역할에서 빚어진 호불호의 관계, 거기서 파생한 사건에 뛰어드는 정의로운 도련님이나 이악스러운 인물들을 통해서 이웃을 반추하고 나를 돌아본다.

나는 어떤 유형의 사람일까, 툭 던져놓고 타인이듯 탐색하며 연필을 잡는다. 어떤 기대가 어긋나거나 길을 잘못 들어도 꽃눈처럼 방긋거릴 얼굴을 그린다. 돈키호테 같은 도련님과 먹이를 놓치고도 고고하게 움직이는 백로가 도화지에서 다시 살아난다.

팔월도 열기가 수그러드는지 아침저녁으로 선선하다. 매미울음 저토록 처절해도 잠시일 테다. 다음 주 화요일, 그 친구를 만나서 어긋남을 주제로 수다 떨 생각에 벌써부터 기분이 좋아진다. 어긋난 일이 좋은 밑거름이 되어준 하루를 기억의 창고에 고이 접어둔다.

시간의 얼굴

달마중 갑니다. 선바람으로 나선 걸음이 쭉쭉 뻗어서 어느새 근육질의 서어나무 우듬지에 오릅니다. 여름 햇살에 달구어진 푸나무도 매초롬한 기운을 내뿜으며 달맞이에 앞장서네요.

산자락에 어둠이 쌓이는데 달이 떠오를 낌새가 보이질 않습니다. 낙엽이 바스락거려도 촉각이 곤두섭니다. 동물의 움직임에도 신경 마디마디가 오싹합니다. 우거진 숲에 내려앉은 어둠의 시간에 갇힌 자가 온몸으로 느끼는 두려움입니다.

윤동주 시 「무서운 시간」이 창작가곡으로 만들어졌습

니다. 어느 음악 오디션 프로그램에서 이 가곡을 부릅니다. '거 나를 부르는 것이 누구요/ 나 아직 여기 호흡이 남아 있소'. 타들어가는 민족혼을 끌어안고 탄식하는 시인의 속울음입니다. 어쩌면 거부하고 싶은 처지를 개탄하는 청년의 피 끓는 절규인지도 모릅니다.

암담한 현실을 저항하고 고발하는 가슴, 얼마나 숨이 막혔을까요. 재깍재깍 저승사자 같은 공포가 엄습하는 시대상황, 얼마나 참담했을까요. 심지를 곧추세우고 절망감이 절절히 녹아 흐르는 연주를 듣습니다.

누구라도 절어진 그 통한의 자취를 담담한 입술로 노래할 수 있겠는지요. 부르는 이도 듣는 이도 속살 저미는 비통함에 공기마저 숙연합니다.

비바람에 떨어지는 꽃잎이 제 갈 길을 모를까요. 바위에 눌려서도 그 소명의식은 한 줄기로 흐르는데 목숨이 다하는 날까지 미로를 헤맬 수는 없는 노릇이겠지요. 사계의 아름다움을 자유로운 가슴으로 걸어 보지 못한 그를 누가 부른단 말입니까. 차분히 슬퍼하고 들뜬 기쁨의 시절을 살아보지 못한 그를 왜 부르는 것일까요.

'나를 부르지 마오' 가랑잎은 말랐어도 새잎 틔울 호흡이 남아 있으니 아직은 부르지 말라는 겁니다. 해가 지고 달이 뜨는 조국 하늘을 우러르며 살아보고 싶은 처절한 절규가 아닐는지요.

무참히 짓밟히는 내 나라를 길길이 천명하며 나서야 하는 목전의 상황을 무서워하지 않는 이 있을까요. 억장이 무너지는 그 심연을 다 헤아릴 수는 없지만, 민족의 위태로운 운명 앞에서 그 당시 지식인의 처지와 역할에 대한 고뇌가 얼마나 깊었을지 어림짐작합니다.

댓돌 위 신발이 무조건 갈채 받던 유년시절입니다. 들판을 지나 냇물을 건너서 학교에 가지요. 폭우가 쏟아지는 날이면 단축수업을 하고 하굣길을 서두릅니다. 숨 가쁘게 달려와도 냇물은 이미 만물을 삼킬 듯 탐욕스러운 흙탕물이 되어 날름거립니다. 장마철에 종종 만나는 무서운 시간이었지요. 발을 동동거리며 기다리다 보면 어른들이 건너와서 업어다 주곤 했습니다.

그런데 그 시절, 그 누가 있어 시인을 구출하겠는지요. 어버이의 품처럼 울타리가 되어줄 나라가 주권을 잃었는데 무엇으로 어둠의 세력을 물리칠 수 있겠는지요. 「별을 헤는 밤」으로 우리를 이끌어주었던 시인이 견디었을 그 무참한 날들을 새삼 분을 삼키며 마주합니다.

기억 속에 부유하는 시간은 시시때때로 지난날 단상을 불러오지요. 지나간다는 거, 무적함대 같은 시간을 그렇게만 인식하기엔 한없이 미흡하고 불완전할지도 모릅니다. 시간은 제 안에 담긴 내용을 지우기도 하지만, 긴긴 세월 머물면서 확대 재생산하기도 하니까요. 거저 받은 선물인 것 같아도 더러는 도망치고 싶을 만큼 잔인한 시간입니다.

옥죄인 땅에서 파닥이는 맨발의 생명은 조국의 독립을 음양으로 외쳤을 것입니다. 웅크린 무릎이 새 힘을 받아 신전을 지탱하는 기둥처럼 굳건히 일어서고 싶었을 테지요. 별도 없는 감옥에서 그는 겨레가 기억해야 할 돌올한 의지를 이 땅에 새겨놓고 영원한 여행을 떠났습니다.

창조주 하나님이 관장하는 시간의 영원성은 시제가 없는 운동력으로 유지되는 공간이 아닐까 싶습니다. 그 무한한 시공의 기류를 통해서 시인을 만납니다. 4중창이 이제 울타리 튼튼한 무대에서 자유로운 언어로 그를 노래합니다. 이들은 무릎으로 행간을 깊이 묵상하고 옷깃을 여며서인지 심해의 정한을 가닥가닥 잘도 펴 올립니다.

지울 수 없는 상흔이 가슴에서 가슴으로 끓어오르면서 대한의 아들인 청년이 총총 되살아납니다. 그와 더불어 푸른 정기가 돋아나는 이 땅을 나무가 올려다본 하늘만큼 사랑해야 하지 않을까요. 어떤 무례한 침입자도 물리칠 수 있는 안팎의 근육을 키워나가려면 말입니다.

기다림의 음영이 짙어질수록 사위가 팽팽해집니다. 들 고양이가 경계의 눈빛을 번뜩이며 어슬렁거립니다. 일상의 작은 위협에도 이처럼 의연할 수 없건만, 어둠의 절대 시간에 갇힌 자의 두려움을 어찌 형언할 수 있을는지요. 사랑할 시간을 한 번도 가져보지 않았는데 부당한 죽음이 나를 부른다면 누군들 어떻게 대답할까요.

시인의 무서운 시간을 지워가며 둥근달이 두둥실 떠오릅니다.

자매 4중주

삶이 푸석하고 흐려진다. 이럴 때면 우리는 서로 불러 모으기를 주저하지 않는다. 소중한 걸 놓치고 나서 몰려오는 후회를 줄이기 위해서 그런지도 모른다. 타고난 성품과 가꾸어온 심덕으로 앞뒤에서 끌어가고 밀어주는 정겨움. 색색으로 발산하는 내재율이 모두에게 나부죽한 길을 열어준다.

어떤 경계를 긋지 않았던 지난날을 소환한다. 녹슨 빗장이 풀리면서 잊힌 기억이 되살아난다. 주절이 달고 나온 구근처럼 튼실한 삶의 열매들. 우리 안에 잠자고 있는 것들을 자극해서 신세계를 펼쳐나가는 자매여행이다.

다르면서도 너무나 닮은꼴이 손에 손을 잡고 가슴을 포갠다. 성장시절 함께 뒹굴었던 풍경의 파편들을 맞추어가면서 하나의 그림을 완성하는 즐거움. 시제가 지워진 동심을 바탕으로 현재를 추스르고 내일을 축복한다.

가을 색으로 온몸을 사르며 다음 계절을 준비하는 산야의 초목들. 우리도 부실한 몸에 활력을 불어넣으며 운동화 끈을 조인다. 살아 숨 쉬는 것들마다 하늘 향해 마음을 모으는 시간이다.

팔당역에서 다산길과 마재성지, 세심원과 물의 정원……. 돌아가는 물길처럼 느릿느릿 걸어서 운길산역까지 둘러보기로 한다. 흐르는 세월을 침묵하는 산수에 생각을 담았다 비워내곤 하면서 걷는다. 아집을 덜어낸 사고의 다향성과 알맞은 보폭의 조화로움으로 마음의 용량이 넓어진다. 평소보다 몸을 몇 배로 쓰는데도 옹골찬 기운이 생동한다.

갈 길이 구부러지거나 멀다고 불평하지 않는다. 짧기만 한 가을해가 유감이라고나 할까. 여행의 맛을 골고루 내는데 집중한다. 뜨고 지는 해를 가늠하고 머무를 만한 마을을 살피면서 걷는다.

낮의 끝자락이 서쪽 산마루에 닿을 때쯤이면 숙소를 찾는 촉수가 높아진다. 잔달음을 치다가 어떤 보따리가 저절로 풀리면서 단풍잎처럼 찬란하게 웃는다. 이심전심으로 오래된 자매여행 한 대목을 떠올린 거다.

어느 봄날이었다, 제주올레 9코스를 마칠 무렵. 사위가 어둑해지면서 비바람이 몰아쳤다. 순식간에 하늘 가득 벚꽃이 난무했다. 여린 꽃잎들의 비행은 낙화의 슬픔이 아니라 환희였다. 숙소를 정하지 않아 갈 길이 바쁜데 둘째와 막내가 환상적인 풍경에 빠지고 말았다.

압도하는 감성에 백기를 든 이성의 날뜀이 결코 아니다. 펄펄 끓는 지성의 한마당이 꽃을 피운 것이다. 가로등 불빛 아래서 이 순간을 사랑하는 그리스인 조르바처럼 춤을 추었다. 셋째가 발을 동동 구르면서 갈 길을 재촉했다. 그 경직된 목소리가 흥을 깨는 바람에 무아의 경지에서 깨어났던 기억. 그런 불협화음의 추억조차도 흐벅진 별식처럼 우리를 살찌운다는 거, 어떤 것과도 비견될 수 없는 자매여행의 매력이다.

안개 자욱한 아침, 신비로운 강 풍경에 매료된다. 시시각각 변화를 불러오는 자연의 기류를 감상하는 묘미. 안개가 서서히 걷히면서 근육질 뼈대의 거대한 구조물이 드러난다. 북한강철교다. 세파에 밀려온 이질감을 그대로 받아들인 구도자의 모습이다. 소란한 것들과 관계를 맺되 휩쓸리지 않고 녹슨 채로 제 구실을 하는 의연함이다.

저 쇳덩어리도 바람이나 새처럼 날고 싶었겠지. 흐르는 강물이거나 나무가 되어 흔들리고 싶기도 했을 거야. 자유로운 현상 너머 또 다른 어둠이 존재한다는 걸 알면서도 누구나 일탈의 가슴앓이를 하잖아.

몸은 붉게 산화되었다. 세월을 고스란히 받아들이고 인내한 흔적만이 역력하다. 원시적 비장미에 내재된 고독을 미루어본다. 그 고독은 견디어온 시간의 무게만큼이리라.

그렇게 단련된 몸이 노을빛에 물들면 얼마나 아름다울까. 겹겹이 나이테를 감고도 열쭝이처럼 살아가는 나도 두 발을 올려놓고 싶어진다.

크고 작은 뼈대의 결속력으로 세월을 버텨냈구나. 탄생부터 여기까지 녹슨 여정에도 서로를 떠받치며 걸어온 우리 자매들과 닮은꼴이다. 더러는 매듭을 지었다가 풀곤 하는 관계의 안팎에선 쇳소리가 나기도 했으니까. 사람의 속성을 쫓다가도 하나님의 사랑에 한 발자국 다가서면서 더욱 튼튼해지는 관계 말이다.

'양수철교'라는 제 이름은 새로 들어선 나리에 내어주고 다른 구실로 존재하는 북한강철교. 직선의 구조물과 둥글게 굴러가는 물질문명의 맞물림이 여행자들을 불러들이는 국토종주 자전거 길로 자리매김 했다.

지구상에는 별의별 특징으로 유명세를 떨치는 다리가 많은데도 초연한 의지로 바람을 호흡하는 이 다리에 훈장이라도 달아주고 싶다.

풀잎이 이슬을 털어낼 즈음이면 다리는 자전거 바퀴를 굴리는 사람들로 붐빌 것이다. 아직 우리 외에는 아무도 없다. 위선과 허영의 허물을 벗어던지면 저 건장한 나신과 한 몸이 될까. 화학적인 변화가 자유로운 행위를 유발하는 조르바처럼 또 춤을 춘다.

고뇌의 찌꺼기를 걸러내는 춤사위로 가을은 한층 무르익어가고. 심지 허약한 나그네는 창조의 섭리를 읽는데 한사코 민감해진다.

물리적인 의술로 연륜을 거스르는 사람들의 탱탱함이 활보하는 세상이다. 서럽고 고단한 사연들이 고스란히 스며든 녹슨 철교에서 본질과 현상에 대한 묵상을 한다. 세월을 지탱하는 자존심과 온갖 풍문을 견뎌온 저 암묵의 당당함. 자연의 흐름에 맡기는 의연함이다.

바람의 갈피마다 새겨진 말할 수 있는 것과 말할 수 없는 것을 배우는 시간. 무소유의 배낭을 걸머지고 배고픔만 면하는 일정이 이곳에서 유의미를 더해간다.

무의미하거나 실패한 여행이 있을까. 인생도 하나의 긴 여행이고 보면 보잘것없거나 실패한 인생은 없을 것 같다. 사람살이는 하늘과 땅의 보살핌과 모든 대상과의 관계에서 발생하는 그늘과 빛의 기운으로 꾸려가는 까닭이다.

석양 길에 접어드는 자매 4중주. 우리 여행에 사족 같은 의미는 부여하지 말아야지. 무해한 욕심을 굴리며 다음 땅으로 날개를 편다.

사탕 한 알이 불러온 상념

창밖엔 또 칙칙한 커튼이 드리워졌다. 미세먼지로 범벅된 햇빛이 방향을 잃고 부유한다. 삶의 희로애락을 풀어놓아야 할 이 땅의 황폐함을 온몸으로 개탄하는 우리 모두가 어쩌면 유죄가 아닐는지. 그렇다할지라도 이 순간 소소한 일상을 감사하며 길 위에 선다.

전철 안은 손 안에 든 기계에 몰입한 사람들로 가득하다. 가지치기 당한 나무처럼 비장한 모습으로 앉아서 무엇을 퍼 올리는지 해독하기 어려운 표정들. 이미 낯익은 풍경인데도 새삼 메마른 들판처럼 썰렁하다. 저런 분위기가 사람 사이 벽을 만들고 무관심으로 이어져 불행지

수를 올리지나 않을는지.

창에 얼비친 그 현상에 내 모습이 포개진다. 나도 언제부턴가 첨단문화에 편승해서 책보다는 손 전화를 먼저 꺼내들곤 한다. 손가락 하나로 세상바다를 유영하는 재미를 무턱대고 외면할 수는 없는 노릇이다. 심중에선 아무리 편리해도 인간성을 말살하는 문명의 이기는 거부하고 싶다는 바람을 옹알거리면서 말이다.

문이 열리고 닫히기를 반복한다. 우르르 밀려가고 몰려오는 인파에 실려 내 염려의 오지랖도 오르락내리락 한다. 제 멋대로 번식하는 상념의 꼬리를 자른 것은 다급한 청년의 목소리였다. 그는 창백한 얼굴로 다가와서 "사탕 하나만 주세요." 호소하더니만 맥없이 주저앉는다.

마침 가방 속에 있는 사탕을 얼른 꺼내 주었다. 손 전화에 정신이 팔린 사람들에겐 선뜻 다가설 수 없었는지도 모른다. 노약자 석에선 젊은 애가 엉뚱한 수작을 부린 줄 알았다는 둥 잡음이 난무한다. 사태를 파악하자 늦게나마 사탕 인심이 여기저기서 피어난다.

몇 사람을 거쳐서 내게 왔는지 짐작하고도 남는다. 부들부들 떨면서 사탕을 까먹더니만 기운이 회복되었는지

인사도 없이 다른 칸으로 가버린다. 쑥스럽고 민망해서 그럴 수도 있겠지만, 마음훈련이 안 되어서 그럴지도 모른다.

어려서부터 마음 밭을 가꾸는 공부보다는 경쟁에서 살아남는 방법이 우선되는 교육 때문이 아닐까 싶기도 하다. 나의 마음에서 그리고 우리 삶에서 더불어 사는 밝음을 펴내는데 서로가 앞장서지 못한 까닭이기도 할 것이다.

아파트 마당에서 같은 통로에 사는 초등학생을 종종 만난다. 그 아이는 손 전화를 귀에 붙이고 주위를 힐긋거리면서 걷곤 한다. 엘리베이터에서도 불안한 눈빛으로 두리번거리며 엄마와 통화한다.

그날도 “지금 탔어. 아줌마 한 명 있어. 이제 몇 층이야. 다 왔어. 엄마”하곤 쏜살 같이 달아난다. 아이 엄마가 무슨 말을 하는지 빤히 유추할 수 있는 내용이다. 사회현상을 반영하는 모습 같아서 씁쓸하다.

만일 엄마의 간섭이나 보호를 벗어난 사각지대에서 아이가 위험에 처한다면 구해줄 수 있는 사람은 불특정 다수 중에 어떤 이웃이 아닐는지. 과거에 무슨 상처를 입었거나 어떤 사정이 있을 거라고 이해의 폭을 넓혀 봐도 씁쓸하기는 마찬가지다.

반대로 나보다 곱절로 밝게 웃으며 말을 걸어오는 아이도 있다. 그냥 웃어주었을 뿐인데도 내릴 때는 고맙다는 살가운 인사를 한다. 두 아이의 장래를 감히 미루어 짐작해 보면 어렵지 않는 그림이 그려지기도 한다. 그야말로 누구를 탓하랴.

'감사가 없는 사회는 희망이 없다'는 친구의 일침을 생각한다. 그는 아이를 낳아 태평양을 건너가서 키웠다. 나이 들어 여생을 고심하다가 꿈에도 그리던 고국을 우선순위에 두게 되었다.

그리곤 긴 휴가를 내어 여러 곳을 둘러보았다. 눈부신 발전상은 놀라운데, 친절과 감사가 부족한 풍토에서 적응하기 힘들겠다는 뼈아픈 말을 남기고 돌아갔다.

사람살이가 탁하면 지구도 병들어 사람을 보호할 에너지를 상실한다. 옥토는 서로를 배려하고 감사하며 지구를 사랑하는 가슴으로 만들어진다. 사탕 한 알도 따뜻한 마음으로 건네지면 생명을 살리고 주변까지 환해지는 것을.

우리는 하늘로부터 받은 혜택만으로도 그냥 감사하다는 마음이 움트도록 창조된 특별한 존재다. 어둠을 덧칠한 예견일랑 삼갈 일이다. 미세먼지 자욱한 거리에서도 그렁그렁 눈물이 고이도록 희망을 노래하고 싶다.

웃지 못할 선물

세상이 얼어붙었다. 실체 없는 의문의 공포다. 사회적 거리두기로 활동을 접은 지 두어 달이 되어간다. 데카르트는 몸이 허약해서 일찍 일어나지 못하고 침상에서 사색을 즐겼다. 나는 코로나19로 두무불출이니 잡념으로 뒹굴다가 늦은 기침을 한다.

그럭저럭 이변의 생활방식에 길들어 간다. 타력에 떠밀린 은둔으로 밀린 숙제를 뒤적거리며 느리게 살기로 작정한다. 모두가 달리니까 나도 달리는 헛바퀴 돌아가는 생활 점검하기다. 자숙의 밀도가 높아져 속도가 필요할 때 쓸 수 있는 몸 낮춤이었으면 좋겠다.

지인의 메시지가 떴다. '먼지 낀 서가 털고 냉장고를 파먹습니다'. 도서관 대출도 막혔으니 처 박아둔 책 읽고 냉장고에 사재기한 식품을 속속들이 털어 먹는다는 얘기겠다.

간단명료한 문자가 동동거렸던 삶의 성찰을 유도한다. 딱히 출구 없는 내용 같아도 현재를 잘 사는 비결이 아닐까 싶어 이렇게 응답했다. '알뜰살뜰한 일상입니다' 전염병이 가져다준 웃지 못 할 소통이다.

정체불명의 바이러스가 사람 사이를 갈라놓았다. 한 때는 프리허그로 밀착해서 가슴 언어를 전달하는 행위가 유행하기도 했는데. 간격을 넓힐수록 상대를 배려하는 문화가 강제되어 삽시간에 자리 잡고 말았다. 동선이 짧은 공간에서 뱅뱅거리다보니 막막하게 흐르는 인생이 절박하면서도 무의미하게 느껴지기도 한다.

그렇다고 삶에 특별한 색을 입혀볼까 고민하지 않는나. 의도하지 않은 세상과의 단절로 맑아지는 우주 숨결을 깊이 체감하는 까닭이다. 통통 튀어 오르는 순발력보다는 지구력이 필요한 이즈음이 아닌가 싶다.

세계적인 전문가들이 코로나 백신 개발연구에 뛰어들었다. 아직은 바이러스를 박멸할 묘수가 보이지 않아 기약 없는 부자유가 이어질 것 같다. 암담한 시절을 한탄하기에는 봄철이 너무나 예쁘다.

흩어진 글을 모아 정리한다. 데카르트는 철학적 사고에 천착하고 싶어서였을까. 사람을 피해서 수없이 집을 옮겼다는데 나는 부르는 이 없으니 얼마나 자유로운가. 중심이 잡히지 않아 뒤뚱거리는 글이 수두룩해서 할 일이 많아진다. 밥이 되지도 않은 것이 밥보다도 배를 불린다.

치마를 잘라 손바느질로 가방이랑 베갯잇도 만들었다. 소소한 재능을 파먹는 재미에 머리 숙이는 시간이 길어졌다. 목 디스크가 재발했다. 역시 식물이 아닌 동물은 사지를 움직이는 활동으로 건강한 에너지가 재생산되나보다. 울타리 안에 갇힌 삶은 언제까지 지속될는지. 심원한 물음으로 뱅뱅거리는 나날이다.

차 한 잔 마시는 기분으로 입버릇처럼 오르내렸던 '카르페 디엠'. '어떤 상황에 놓여 있든'이 전제된 아포리즘이 아닐까. 지금이야말로 그 진의를 깨닫고 진가를 발휘해야할 때가 아닌가 싶다.

카르페 디엠(Carpe diem)과 메멘토 모리(Momento mori)는 불가분의 관계다. 죽음을 기억하므로 현재를 즐기고 현재를 즐기는 것은 죽음이 기다리고 있기 때문이다. 과거는 그 정도여서 다행이라 여기며 내일을 당겨서 염려하지 말고 다함없는 현재를 사는 지혜. 구미 당기는 긍정논리인데 잡힐듯하면서도 막상 놓쳐버리기 일쑤다.

오래 전에 〈죽은 시인의 사회〉 영화를 보고 한동안 신선한 감동에 들떴었다. 존 키딩 선생이 기존의 수업방식에 새바람을 불러온 '카르페 디엠'! 그 역할로 분한 로빈 윌리암스는 빛나는 금언으로도 우울을 다스리기 힘들었을까. 스스로 삶을 마감했다.

병마에 시달리다 돌아간 스티브 잡스도 메멘토 모리를 언급했다. 그만 살기로 결정하든 병으로 생을 마감하든 소우주인 존재의 최후는 비장한 슬픔이다. 살아가는 동안 삶을 헐값에 넘기거나 지루히지는 말아야지.

지구촌은 죽음의 가속도가 붙었다. 나라 안팎에선 그 분위기에 함몰되어 현재를 괴로워하는 사람이 늘어간다. 그런 중에도 이 순간을 즐긴다는 거. 초연을 추구하는 사고와 조석변하는 의지와의 대척점을 뛰어넘는 즐거움이다.

지금이라고 말하는 순간 과거가 되고 미래로 이어진다. 엄밀히 나눌 수 없는 시제로 묶여서 흐르는 시간의 속성이다. 어려운 때나 평온할 때도 현재를 온전히 누릴 수 없는 인간은 행복을 방치하는 오류에 빠질 수밖에 없다. 다만 세월을 박제하지 않으려고 나는 오늘도 뒷산에 오른다.

산시울이 붉다. 해가 뉘엿뉘엿하면서 지표면에 깔아놓은 여운이다. 그래도 아름다운 이 시간, 누가 울고 있는 것일까.

이제 역사는 코로나 이전과 이후로 나뉘고 생존방식도 달라질 거다. 생각하므로 존재한다는 철학자의 사상이 무겁게 다가오는 시점이다.

사과 꽃이 말해줄까

살랑살랑 불어오는 봄바람에 나무들이 부스스 깨어난다. 금세라도 사과꽃망울이 터질 것만 같다. 모진 풍파에 시달리며 마디게 자란 나무는 단단하고 초연해 보인다.

요즘 들어 같은 방향의 전철을 자주 탄다. 도착을 알리는 전광판 덕분에 내려가는 도중에 해찰하다가 승강장으로 내달리곤 한다. 어느 날 먼지투성이 환승역에서 바닥에 떡판을 벌이고 앉아있는 떡장수를 눈여겨보았다.

큰 상자에서 떡덩이를 하나씩 꺼내어 잰 손놀림으로 넓게 편다. 콩가루를 듬뿍 묻힌 다음 잘게 칼질을 한다.

즉석에서 만든 느낌이 들어서인지 잘 팔린다. 그 옆에서는 허술한 차림의 동냥바구니에 동전 떨어지는 소리도 들린다.

떡장수가 단속반에 걸렸다. 성난 황소처럼 펄펄 뛰면서 자해하듯 몸을 아무데나 들이댄다. 누가 보아도 불특정다수를 상대로 퍼붓는 불만이지 솜털 보송한 공익요원만을 겨냥한 몸짓은 아니다. 권력층과 가진 자들, 기득권 세력에 대한 분노가 폭발하지 않았나 싶다.

서민들의 주머니를 훑어간 각종 비리 사건들을 비난하며 줄줄이 꿰어낸다. 그리곤 "무서울 것도 겁날 것도 없다. 절대 혼자 죽지는 않는다."는 폭언을 거침없이 쏟아내며 떡판을 내동댕이친다.

예전에는 단속반에 걸리면 무조건 줄행랑을 치거나 봐달라고 사정하는 것 같았는데 한걸음 진보한 민주화를 방증하는 걸까.

갑작스런 소란에 후림불이 튈까봐 사람들이 슬금슬금 물러난다. 떡장수의 항변은 공감지수가 높은 내용인데도, 당장은 내 일이 아니라서 그런지 구경꾼들은 강 건너 불구경 하듯 무심한 얼굴이다.

인사동에서도 외국인들이 지켜보는 가운데 노점 상인

들과 단속반간의 과격한 실랑이가 벌어졌다. 지켜보는 자들의 눈동자가 커질수록 우리 주머니는 오그라들고 위상은 추락할 것이다. 법이 존중되고 질서가 지켜지는 사회를 누구나 갈망하면서도 내가 먼저 앞장서는 자세는 모자라지 않나 싶다.

우리나라 행복지수가 수년째 하위권에 머물러 있다. 설마 하는 의문이 들면서도 어쩌면 자연스런 일이지 싶다. 압축 성장의 폐해와 그 명암을 우리는 잘 알고 있다. 대체로 사회보장제도가 잘된 나라가 상위권이며 차라리 미개한 부족이나 저개발 국가의 행복지수가 높다. 그러고 보면 많은 소유가 행불행을 좌우하지는 않은 것 같다.

한동안 안 보이던 떡장수 아주머니가 또 그 자리에서 떡을 팔고 있다. 웃는 얼굴 너머로 불안한 그림자가 어른거린다. 봄인데도 여름인 듯 후덥지근하다. 생존의 몸부림이 시원한 바람 길을 달구어서 그런가보다.

정신이 몸을 지배하지 못하면 갈등구조 속에서 허덕일 수밖에 없다. 가난하다고 다 불행하거나 부자라서 다

행복하지는 않다는 거. 알면서도 현실의 벽에 부딪치고 만다.

물질만능주의가 판을 치는 것 같아도 질서의식이 깨어 있으며 대인관계는 情의 문화에 뿌리를 두고 있으니. 너 죽고 나 죽자가 아니라, 너도 잘 살고 나도 살기 좋은 우리나라를 만들어야 하지 않을는지.

떡장수나 단속하는 사람이나 넘어서는 안 될 경계선이 있다. 생존권 앞에서는 무엇이 우선되어야 할까. 그 문제는 늘 알 듯 모를 듯 난해하다. 풍성한 열매를 소망하는 사과 꽃에게 물어볼거나.

제 2 부

브로콜리, 새롭다

제주의 봄은 찬연하다. 서울에서 한걸음인데도 바다 건너라서 그런지 타성에 젖은 일상을 탈피할 수 있어 좋다. 일정을 엿가락처럼 늘려서 권태를 털어내고 처음인 듯 두근두근 가슴을 열곤 한다.

올레길 마침표는 오래 전에 찍었다. 그럼에도 관심은 늘 그쪽으로 쏠린다. 말똥 지천인 숲길을 징검다리 건너듯 깅중거렸던 어느 날도, 쨍쨍한 햇볕은 온몸으로 받으며 배고픔을 견뎌야했던 들판 길도 그립다. 그 당시는 고생길이었는데도 풍금소리에 실린 동요처럼 출렁출렁 달려온다.

별식처럼 골라서 즐기기로 한다. 또 어디를 걷더라도

들뜬 마음일 터이고. 여행의 맛을 탐색하는 걸음마다 신세계를 그려낼 것이다. 생각이 푸르면 가슴도 넓어지는 걸까. 다가오는 별스런 현상마다 죽마고우처럼 편안하게 끌어안는다. 어떤 이의 불친절도 웃음으로 대꾸 할 수 있는 여유, 여행길에서 거저 얻은 선물이다.

농산물이 풍년이라더니 어쩌면 좋아. 수확을 포기하고 버려둔 채소밭이 꽃밭으로 변모되었다. 환상적인 들판인데도 마냥 즐길 수만은 없는 나그네는 주인의 가슴앓이를 생각한다. 갈아엎은 밭에 알몸을 하얗게 드러낸 무. 아낙의 궁둥이처럼 탐스런 양배추. 보글보글 파마머리 브로콜리가 바라보기조차 민망하다.

연노랑 꽃이 만발한 들판을 걷는다. 처음 보는 꽃은 놀랍게도 내 청춘의 일기장 귀퉁이에 등장한 브로콜리 꽃이다.

네팔에서 인도 카슈미르로 가기 위해 비자를 신청해놓고 마냥 기다렸다. 팔십 년대만 해도 행정속도가 느린 나라에서는 전혀 이상한 일이 아니다. 거기다 국경일이나 명절 같은 연휴가 끼면 더욱 애가 타기도 하지만, 여행의 맛을 깊게 하는 의외의 소득을 얻기도 한다.

카트만두 구석구석을 기웃거린다. 무엇보다 재미있기로는 시장구경이다. 부케처럼 희한하게 생긴 채소가 수북이 쌓였다. 궁금해서 물었더니 브로콜리란다.

그 브로콜리를 제 때에 거두지 않고 내버려두면 저렇게 예쁜 꽃이 피어난다는 거. 이제야 알게 되었다. 들판을 꽃으로 수놓은 브로콜리. 송이마다 리본을 달아 행복을 꿈꾸는 신부 손에 들려주고 싶다. 꽃이 피기 전에는 육체를 위한 양식이 되고, 꽃으로 피어서는 빵으로만 살 수 없는 여행자를 위무한다.

풍년이어도 걱정, 흉년이어도 걱정이다. 무엇이든지 너무 많거나 적으면 탈이 난다. 많이 가진 자가 교만하지 않으며 더 이상 욕심을 키우지 않는 마음도 어려울 거야. 부족해도 자족할 줄 알고 비굴하지 말아야 하는 정신도 쉽지는 않겠지.

꽃은 저들의 씨앗을 위함이지 인간을 위해서가 아니라지만, 자연을 찬미하면서 피고 지는 이치에 우리네 삶을 비춰본다. 그리곤 욕심의 껍질을 하나씩 벗겨내면서 어제를 돌아보고 오늘을 소중히 여긴다.

인생의 경영을 방해하는 요소는 타성에 젖은 일상이나 권태가 아니다. 브로콜리 꽃이 농부의 마음을 시리게 할 수도 있다는 현상 이면을 잘 모르는데 있다. 아름다움 너머의 눈물을 읽어내는 철학적 혜안의 부재인 거다.

그래도 봄은 새롭고 찬연하다. 꽃들에게 길 위의 바람으로 말을 걸어본다. 그리곤 사람들에게 꽃의 마음으로 편지를 쓴다. 어디를 걷든지 마음의 눈을 떠야 새롭게 보인다고. 지혜로운 자들은 바람에 날리는 꽃들의 속삭임에서 이미 해답을 얻었는지도 모른다.

오늘이 읍읍하다

큰물이 날름거리며 세상을 삼킨다. 현대판 노아의 홍수가 아닌가 싶다. 창궐하는 전염병에 장마철 물 폭탄까지 덮치는 바람에 인류가 갈팡질팡한다. 그동안 지구인의 행보를 돌이켜본다. 불가항력적 현상이라고 얼버무리기엔 뭔가 켕기는 구석이 많다.

얼룩진 상념에 빠져서 하나절을 훌쩍 까먹는다. 미망을 털어낼 요량으로 글짓기에 몰입한다. 이마저도 답답해서 마음의 물고를 트고 수위를 조절해 본다. 겨우 서두를 열어놓고 또 해찰한다.

사전을 뒤적이다가 엉뚱한 데서 눈길이 멈춘다. '읍읍悒悒

하다'. 유쾌한 어의가 아닌데도 이즘의 현상을 그려내기에 알맞은 낱말이라서 그럴까. 눅눅한 생각이 줄기를 뻗는다. 그렇게 한참을 누비다가 반세기가 지난 얘기 한 토막에 걸터앉고 만다.

고전음악이 흐르는 공간은 오래된 포도주 저장고처럼 서늘하면서도 감미로웠다. 변덕스러운 청춘의 환희와 우울을 조율하기 좋은 그곳에 자주 들락거렸다. 나와 닮은꼴인 더벅머리도 그 시간이면 한구석을 차지하고 지휘봉을 휘둘렀다. 폰 카라얀 흉내 내기에 열정을 쏟은 그는 지휘자를 꿈꾸는 음대생이다. 베토벤 비창을 흥얼거리면서 시나브로 우린 가까워졌다.

그날도 오늘처럼 매지구름이 오락가락하는 장마철이었다. 음악다실 르네상스를 나와서 회색도시를 걸었다. 종로를 벗어나 세검정으로 이어지는 길은 호젓했다.

그가 담배를 사러간 사이 빗방울이 떨어진다. 순식간에 빗줄기가 굵어지면서 우두둑 물 폭탄이 쏟아졌다. 가까운 계곡에서 삽시간에 몸을 불린 흙탕물이 골목을 휘저었다.

나는 건물 처마 밑에서 오들오들 떨었다. 맡겨놓은 그의 책가방이 무게를 더해갈 즈음 비가 잦아들었다. 그 틈을 타서 호기롭게 달려온 그가 얼마나 고마웠는지 모른다. 주변이 사나워지는데도 가슴 졸이며 기다릴 수밖에 별 도리가 없었던 아날로그 시절 얘기다.

예측할 수 없는 재앙이 갈수록 심하고 빈번하다. 피해가 천문학적으로 늘어난다. 첨단과학이 발 빠르게 움직이는데도 막아내기엔 역부족이다. 여기저기서 피해 현장을 속속 보도한다.

전문가뿐만 아니라 누구나 동영상 촬영으로 참여하는 바람에 현장감이 더욱 생생하다. 이동 통신 기기 진화가 가져다준 알권리 충족 확산이라고나 할까. 누리는 것만큼 돌아오는 인과에 아무도 자유로울 수는 없겠다.

세상 풍경이 달라져간다. 자연재해가 세상을 삼킬 듯이 위협한다. 보존해야할 아름다움이 사라져가는 마당이다. 원근법을 무시한 그림처럼 평퍼짐한 일상에 긴장감이 감돌고. 그 어느 때보다도 삶의 불확실성을 실감하는 오늘이 너무나 읍읍하다. 내일이면 이보다 나아질까, 나빠질까. 갈 길이 암울하다.

그 옛날이라고 만사가 태평하지는 않았을 것이다. 어떤 면에선 오히려 더 답답했는지도 모른다. 약속을 못 지킬 것 같으면 만남의 장소 메모판에 미리 쪽지를 꽂아 놓거나, 당일 그곳으로 전화해서 사정을 알리곤 했으니까. 하지만 오늘날 우리가 직면한 문제와는 그 차원이 다르지 않은가.

시린 하루

단풍잎이 쏟아진다. 예쁜 잎들을 부대자루에 쓸어 담는다. 헐벗은 풍경이 겨울을 불러오는 듯 온 몸에 한기가 돋는다. 가을이 더 머물기를 바라는 이들의 심기가 발끈한다. "차라리 나무를 뽑아버리지 그러세요?" 참다 못한 행인의 일갈이다. 청소부는 다음 나무를 타고 올라가서 가지를 더 세차게 흔든다. 멈추지 않은 그의 행보에 철모르는 아이들이 환호한다.

이파리를 한꺼번에 털어서 청소 부담이 줄어들지는 몰라도 아낌없이 주는 나무를 다루는 무자비가 밉다. 그냥 두어도 때가 되면 떨어질 텐데 계절의 정취를 여지없이 뭉개버리다니. 예측할 수 없는 불안한 세태 속에서 위로

받으며 숨 고를 수 있는 곳이 그나마 자연의 품인 것을. 제 입장과 편리만 쫓아가는 저 횡포를 어찌하면 좋을까.

사회현상과 맞물린 우울증 환자가 늘어가는 추세라는데 나도 편승한 걸까, 딱 꼬집을 만한 까닭도 없이 시들시들하다. 사람살이 명암을 돕는 요소로 활용하면 좋으련만 한쪽을 지워버리는 불균형의 사고. 만족하는 삶보다는 고뇌하는 삶이 낫다는 쪽에 무게를 두는 미련함이다.

그러다가도 치유의 길을 모색한다. 사람마다 우울을 풀어내고 삶과 화해하는 방식이 있을 것이다. 나는 좁은 길을 걷곤 한다. 수많은 역사가 얽히고 쌓인 도심의 뒤안길도 좋고 양장구절의 산길도 좋다. 많은 얘기를 담았다 풀어내는 인생길을 닮아서 그런지도 모른다. 한 꺼풀씩 벗겨가며 가슴을 포개다 보면 접힌 날개가 말갛게 펴진다.

예전에 없던 샛길이 만들어졌다. 전염병 창궐로 거리두기를 하면서 잡목이 우거진 숲 사이로 찾아든 발길이 닦아 놓은 오솔길이다. 다양하게 휘어지고 뻗어나간 길은 해찰과 사색을 유도한다. 슬픔이 환희를 탐색하는 막스 브루흐의 바이올린 협주곡에 실린 기분이라고나 할까.

마지막 페이지를 덮은 사데크 헤다야트의 『눈먼 올빼미』의 여운이 아릿아릿하다. 자살충동을 유발한다는 이유로 작가의 출생지인 이란에서는 금서로 묶인 책이다. 사死의 찬미나 미화美化는 자칫 그만 살고 싶은 심경을 부추기는 요소로 작용할 수도 있다. 신이 허락한 자유의지를 절대로 사용해서는 안 되는 부분이기도 하다.

'만약 모든 인간이 별을 가지고 있다면, 나의 별은 어둡고 멀리 떨어져 있음이 분명하다. 어쩌면 나는 처음부터 별을 가지고 있지 않았을지도 모른다'는 작가의 가슴골에서 검은 고독을 읽는다.

검은 날개가 의식을 덮쳐버리니 빛을 볼 수가 없는 것이다. 어둠마저 볼 수 없는 눈먼 올빼미가 보는 세상은 어떤 세상이겠는지. 그럼에도 릴케와 카프카를 좋아했다는 그의 글에서 어둠이 빛으로 환원될 것 같은 고혹적인 그늘을 엿본다.

눈 먼 올빼미를 먼저 읽은 친구가 빌려준다는 약속을

몇 번이나 어겼다. 그리곤 건네주는 날, 망설일 수밖에 없었다는 까닭을 내비친다. 그 걸림돌은 무모한 내 건방에서 비롯되었던 거다.

눈부시게 찬란한 날 그와 동행할 때면 난 주저 없이 "세상이 이렇게 아름다운데 여기에 뭘 더 보태면서 꺼이꺼이 살 필요가 있겠어?" 이런 말을 하곤 했으니까. 검은 유혹이 배어나는 일련의 내 심리상태를 염려하는 친구의 예민한 배려였던 거다.

자살로 생을 마감한 예술가들이 의외로 많다. 그들의 생애가 근원적인 물음을 던져주는가 하면 때로는 별난 소회를 불러일으키기도 한다.

책은 낯설고 강렬하다. 독특한 형식이어서 독서토론 동아리에 추천하면 어떨까 싶다. 환상과 현실의 사닥다리를 오르내리면서도 흔들림 없이 살아가는 회원들과 다루면 좀 더 깊고 풍성한 의견을 나눌 수 있으리라.

눈을 멀리 두어도 끝이 보이지 않는 구불구불한 길. 보이지 않아도 막힘없는 길을 꼬깃꼬깃한 한숨을 토해내면서 걷는다. 곁을 내주는 아량으로 이끌면서도 속내를 한꺼번에 드러내지 않아 호기심을 부르는 발걸음에 탄력이 붙는다. 자연과의 소통으로 감정의 완급이 저절로 조절된다. 인생길도 이렇듯 서로가 내재된 매력을 발산하면서 끝까지 경주할 수 있도록 열어 가면 좋겠다.

숲은 싸싸한 나무와 죽은 나무가 꾸려나가는 생멸의 기운에서 아름아름 피어나기에 평화롭다. 자연의 순환 고리에 기대어 순명을 다하고 죽음에 이르는 생명들의 여정. 신의 손길은 나풀대는 풀잎에서도 떨어진 이파리에서도 오묘한 섭리로 작용한다.

의자에 앉아 주머니에 든 사과 한 알을 꺼냈다. 엊그제 불어온 태풍에 떨어진 열매다. 같은 환경을 겪었을 텐데도 사과마다 맛이 다르다. 이건 별로 맛이 없다. 나처럼 숨어 있거나 바람과 태양을 온몸으로 받아들이지 않아서 그런가보다. 끝까지 나무에 달려서 모진 바람을 견디고 제 맛을 채워가는 다른 사과를 생각한다. 늘품 있는 열매가 웃음을 터트리는 과수원은 얼마나 향기로울까.

세상살이 자원은 모든 대상과의 관계 짓기에서 얻기

마련이다. 단풍의 시간과 가을을 즐기는 사람의 마음을 짓밟은 청소부가 다시 떠오른다. 사회의 그늘과 우울을 벗어던지려면 무엇이 우선되어야 할까. 어린이들에게 관계의 소중함을 애기해주는『청소부 』밥의 교훈이 절실한 시절이다.

시린 가을이다. 눈먼 올빼미에 가까운 나를 들여다보면서 이런 하루를 회복하고, 또 다가올 하루를 반기기로 한다.

홍합 껍데기가 기쁨이 되듯이

마음 구석에서 알 수 없는 파문이 인다. 또 한 해가 저물고 있다는 감상이 불러온 심경의 변화일까. 자연현상일 뿐인데 나이를 더해가는 뇌리에서는 유별난 의미로 작용하나 보다. 유한한 인생의 틀에서 보면 어제와 오늘이 확연히 다를 것이므로 어떤 명암이 드리워지기 마련이다. 하나님이 사람을 사랑하는 역설의 방식을 거부하는 심리적 반응이 아닌가 싶다.

숨 고르기가 버거울 때면 습관적으로 하늘을 올려다본다. 활기를 되찾는 곳으로는 노파가 기역자 허리를 가뿐하게 움직이며 갈퀴 같은 손으로 물건을 파는 재래시장도 그만이다.

생존이 치열한 삶의 현장에서 어두운 상념은 어느새 사라지고, 수북이 쌓인 홍합 더미에 눈길이 쏠린다. 알맹이를 키우느라 크고 작은 물결에 얼마나 시달렸을까. 그래도 까만 얼굴에 윤기가 자르르한 것이 제 모습 그대로다. 이맘때쯤이면 일상을 훌훌 벗어던지고 달려가곤 했던 오래 전 그 바다가 생각난다.

품은 소망일랑 파도에 실어 수평선 너머 하늘 끝에 걸어놓고. 칼바람이 난무하는 해변을 걷노라면 얼음 꽃이 피어나듯 짜릿짜릿 상쾌했다. 바위에 달라붙은 홍합 채취도 스릴 넘치고 재미나는 놀이였다. 더 큰 것을 따려고 아래로 한 걸음씩 내딛다가 아차! 하는 순간 많이도 미끄러졌다. 바닷물에 흠뻑 젖어도 한바탕 웃음으로 즐거움이 배가되었다.

바다를 앞마당 삼은 방에 들어앉아 내내 걸었던 바다를 즐기면서 홍합을 까먹고 시원한 국물을 마셨던 젊은 날들. 그 추억을 내딛으며 성큼성큼 해물 가게 앞으로 다가선다.

그럼에도 반가운 홍합을 살까 말까 망설인다. 어패류를 좋아하는 딸아이가 떠오르면서도 껍데기를 처분하기가 번거롭다는 어미의 계산법이라니. 딸은 어미의 생일에도 양념을 올린 꼬막을 푸짐하게 쌓아 케이크처럼 만들어놓지 않았던가. 지금의 즐거움을 나중에 치러야 할 하찮은 부담에 빼앗길 수는 없다.

5천 원어치가 많기도 하다. 홍합을 씻노라니 또다시 옛 풍경이 쏴아 밀려온다. 그땐 바람 부는 벌판이나 텅 빈 모래사장을 한없이 걸어도 콧노래가 절로 나왔었지. 묵은해를 보내고 새해를 맞이해도 내면의 강산은 푸르기만 했는데.

현실을 일깨워주는 듯 냄비에서 홍합 국물이 푸르르 넘는다. 하나같이 입을 벌린 바람에 한 가득이다.

예전의 입맛으로 실컷 즐겼건만 역시 음식물 통에 담을 수 없는 껍데기가 문제다. 깨끗이 씻어서 종량제 봉투에 담는다 해도 다 차도록 오래 두면 자칫 냄새가 난다. 우선 햇볕에 널었다. 말린 껍데기를 봉투에 담으려다가 '부피를 줄일 수는 없을까?' 주춤한다. 만지작거리는 순간 어떤 형태가 그려진다.

V자로 벌어진 껍데기를 큰 것부터 차곡차곡 끼웠더니 영락없는 나뭇잎 모양이 된다. 온갖 폐품을 활용해서 작품 활동을 하는 작가정신을 잠시나마 경험한다. 부피도 확 줄어들고 깔끔하게 정리되었다. 금방 버릴 쓰레기인데도 너무나 예쁘다. 다른 이들은 이미 이렇게 하고 있는데 나만 이제야 터득해서 좋아하는 것은 아닌지 멋쩍어지려고 한다.

아무려면 어떠랴. 홍합 껍데기가 나뭇잎이 되어서 마음의 그늘까지 걷어냈다. 이런 사소한 일에도 감동하는 걸 보면 인간은 하나님의 걸작임이 분명하다. 철없이 뛰놀았던 젊음의 바다가 부엌 창 너머로 넘실댄다. 철이 덜 들어도 좋으니 다가오는 새해도 그때처럼 해맑은 웃음으로 살아가고 싶다.

그러고 보니 홍합을 파는 노파가 기쁨까지 얹어 주었다. 그들이 있어 시장은 늘 활기찬 삶의 터전이 된다. 어디를 둘러보아도 사랑을 주고받으면서 살아야 할 이유가 널려 있다. '마음이 현실을 만들어 낸다. 우리는 마음을 바꿈으로써 현실을 바꿀 수 있다'는 어느 철학자의 말처럼. 내가 먼저 찾아 나선다면 말이다.

벽

칼바람이 창문을 흔드는 아침. 성에 낀 유리창을 통해서 바라본 창밖엔 또 다른 세계가 펼쳐졌다.

횡단보도에서 두 남자가 부딪쳤다. 아무나 먼저 사과하고 지나가면 좋으련만 한쪽이 상대방 멱살을 잡는다. 이미 빨간불이 켜졌는데도 얽히고설키어 바닥에서 뒹군다. 자동차들이 그들을 갈아엎을 듯이 빵빵거리는 바람에 아수라장이 되었다.

아스팔트길은 누운 벽이나 다름없다. 무서운 힘을 가진 괴물처럼 물도 햇볕도 밀어낸다. 그들은 불통의 벽과 어우러져 하나가 되었다. 누울 공간을 확보하지 못한 벽들은 층층이 이어져 하늘높이 오른다. 사람들도 그 벽을 따라 곡예를 하며 누군가를 밟고 올라간다.

벽은 혼자서 때로는 여럿이 만든다. 엘니뇨나 라니냐 현상도 경쟁하듯 난립하는 벽 때문이 아닐는지. 물질이 지배하는 사회일수록 벽의 욕망은 그칠 줄을 모른다. 벽이 내뿜는 독소로 생태계가 파괴되고 사람살이는 망가져간다.

자신을 낮추고 급할 때일수록 돌아가는 여유를 가진 자라면 아무 곳에나 벽을 만들진 않을 것이다. 바닥에 뒹구는 그들이나 그런 행태를 가재미눈으로 지켜보는 나도 이미 벽이 되어버렸는지도 모른다. 행복은 에고에서 잉태하지 않는다는 철학을 누가 모를 것인가. 골동품처럼 선반에 올려놓은 그 진리는 먼지만 쌓여 가는 걸까.

눈길을 걸으면서 산자락에 옹기종기 모여 있는 시골 풍경을 그려본다. 골목마다 토담을 두르고 고즈넉하게 들어앉은 초가집엔 고드름이 주렁주렁 열리겠지. 차갑고도 날카로운 고드름이 이렇듯 포근한 이미지로 떠오르다니. 수정 같은 몸에서 한 방울씩 떨어지는 소리가 들리는 듯하다. 가시보다 향기가 먼저 달려와 반겨줄 탱자나무 울타리에도 하얀 눈이 소복소복 쌓였을 거야.

엊그제 쓰러진 아름드리 백양나무 앞에서 걸음을 멈춘다. 하고 싶은 말은 다소곳이 접어놓고 다이아몬드 연속무늬 수피에 손바닥을 포갰다. 가지를 꺾었더니 아직도 파릇한 몸에서 특유의 향기가 피어오른다.

꺾은 가지로 지팡이를 만들었다. 겨울 산을 한결 수월하게 오르내린다. 나보다 앞선 걸음으로 튼튼한 벗이 되어 편안한 길을 열어준다. 서 있으나 누워 있으나 벽을 만들지 않는 나무를 나는 사랑한다.

산행을 마치고 동네로 들어선다. 구두수선 집 라디오에서 '당신은 새해 무슨 기도를 드렸나요? 서양에서는 자신이나 자식의 건강과 복락보다는 자연을 위해 기도하는 사람이 많다고 합니다. 내일도 별과 산이 그 자리에 있기를 빈답니다.' 이런 내레이션이 흘러나온다.

세상은 얼음보다 차고 가시보다 살벌하다고 흔히들 말한다. 사람과 사람 사이 그 벽을 허물고 싶어서일까. 벽화 그리기가 유행처럼 번진다. 고대 벽화가 시대상을 표현한 기록물이며 인간의 염원을 표현한 신앙적 메시지라면, 오늘날의 벽화는 독단과 이기로 높아진 불통의 벽에 순한 바람을 일으켜 이웃과 소통하고 싶은 여망의 몸짓이 아닐까 싶다.

우리 안에 웅크리고 있는 아담의 원죄를 한풀 벗겨내면 벽을 쌓는 미움보다 아름다운 벽화를 그리고 싶은 성정이 발현된다. 고드름이 녹으면서 봄을 불러오듯이, 탱자나무가 가시를 내려놓고 향기를 날리듯이, 제 내벽에 벽화 그리는 사람이 많아지기를 소망한다.

까치발 드는 나날들

연지곤지 찍은 봄소식이 사방에서 날아듭니다. 동굴 같은 몸에선 나보다 먼저 가벼워진 것들이 까치발을 들고 방방거립니다. 꽃불 지핀 가슴은 벌써 봄 동산을 차고 오르는데 날개를 함부로 펼 수는 없겠지요.

코로나 19로 경직된 대지를 박차고 가볍게 날고 싶은 욕구가 자꾸만 꿈틀합니다. 참담한 얘기는 그만 하고 싶은데 내면에 가득 차오르면 저절로 삐져나오기 마련인가 봅니다.

지구가 사색이 되었습니다. 구부정하게 돌아선 지난해의 뒷모습에 내가 살아온 흔적까지 묻어있어 안팎으로 휑하고 씁쓸합니다. 그 연장선상에서 봄을 힘겹게 맞이하고 있습니다. 인파가 넘실대던 골목에선 연신 찬바람이 몰아칩니다. 묶인 동선에 일상까지 얼어붙어서인지 화사한 봄소식이 서럽습니다.

그 탓에 혼자서 오롯이 누릴 수 있는 시공간이 늘어났는데도 불안과 우울로 허송세월합니다. 이대로 개신거리다가는 검은 세월에 사로잡히고 말 것입니다. 내일을 감은 눈으로 맞이할 수는 없는 일입니다.

모든 길의 끝에는 바다가 있다지요. 가끔은 바람에 흔들리고 바람을 거스르며 초롱초롱 살다보면 풍요로운 바다에 이르지 않을까요. 저만치 새날이 어둠을 가르며 다가오고 있으니 말입니다.

그리그의 「아침 기분」을 들으면서 하루를 엽니다. 바다색으로 단장한 모로코의 파랑 마을이 떠올라 기분이 상쾌합니다. 겨우내 움츠러들었던 골목길은 파란하늘에 겅중겅중 사다리를 놓습니다.

봄기운이 수런거리는 산자락엔 순한 연두색이 감돌고요. 모진 시절을 견뎌낸 꽃눈들도 수놓을 대지를 꿈꾸며 노랑 분홍 속내를 드러냅니다.

봄바람에 실리어 모처럼 조심스러운 나들이를 합니다. 대추차를 시켜놓고 인왕산이 바라다 보이는 창가에 앉았네요. 역사의 근간을 고스란히 품은 호연한 자태가 늘 든든합니다. 마스크 패션 사람들이 경복궁 주변 풍경을 쥐걸음으로 걷습니다. 이심전심의 고독한 가슴앓이가 눈빛으로 고여 듭니다.

영화「게스트 어웨이」에서 무인도에 고립된 톰 행크스가 떠오릅니다. 너무나 외로운 나머지 배구공에다 사람 얼굴을 그려놓고 윌슨이라는 이름으로 대화를 하지요. 윌슨을 잃은 후 통곡은 얼마나 처절하던지요.

그러고 보면 이웃을 멀리해야 하는 지금, 우리네 삶은 또 다른 불편이고 불행입니다. 암울한 현실에서 속히 벗어나려면 묵언수행하고 되도록이면 사람은 만나지 않아야 하는 아이러니 말입니다.

그동안 우리는 거저 얻은 자연과 물질문명의 진보로 많은 혜택을 누리며 살아왔습니다. 이제는 자꾸만 빨간불이 깜박이는 세상에 살고 있습니다. 또 어떤 재앙이 들이닥칠지 모릅니다. 지구촌을 깊이 성찰해야 할 때가 아닌가 싶습니다. 불편과 친해지는 연습과 더불어서 말입니다.

태풍과 따가운 햇살에 무르익은 대추가 제 구실하느라 산산이 부서졌습니다. 자연의 내밀한 손길이 스며든 향기를 즐깁니다. 뜨거운 액체가 온몸으로 흐릅니다. 고약한 바이러스를 다 녹여버릴 것만 같습니다.

이제 둥지에 들 시간입니다. 창밖에 홀로선 회화나무 긴 그림자가 찻잔에 떨어집니다. 가까운 날에 장대한 뼈대에서 돋아날 초록의 향연이 삼삼합니다. 이웃을 경계하는 시선도 머지않아 따뜻해질 것입니다. 회화나무 우듬지에 목화송이 한 조각 웃음으로 걸립니다.

웃고 넘기는 페이지, 그해 여름

살다 보면 못다 푼 숙제처럼 걸리는 일이 한두 가지가 아니다. 한 우물을 파는 끈기와 인내심이 부족해서다. 여러 분야를 조금씩 건드리다가 슬그머니 주저앉는다. 그 아쉬움을 포기하면 좋으련만 구석에 밀어둔 채 동거한다. 가끔 그 미련이 잡아끌 때면 언젠가는 다시 도전해볼 거라고 스스로를 변명하고 다독인다. 영어회화도 그 소모적인 일 중에 하나다.

유난히 몸집이 큰 서양인을 고궁에서 만났다. 큰 눈을 연신 반짝거리며 조선왕조의 나른한 오수를 깨운다. 태극선을 손에 들고도 비지땀을 흘린다. 불볕 삼복더위에 우리 것을 바라보는 진지함이 고마워서 활짝 웃었더니 스스럼없이 다가온다.

한국문화에 대한 관심이 높아져서 배낭여행 왔단다. 유독 배낭여행을 좋아하는 나는 역지사지의 감정이입으로 생동감 넘치는 안내를 한다. 핑글핑글 머리를 굴려가면서 온몸으로 설명했건만 그는 번번이 고개를 갸우뚱한다. 내 토막 영어로 궁금증을 해소하기에는 역부족이었으리라. 그래도 좋았던지 다음 날 일정에 동행해 주기를 간곡히 청한다. 땀방울을 훔치면서 돌아서는 모습에서 오래 전에 여행길에서 만난 서양인을 상기한다.

여름날 인도 봄베이는 한증막 같았다. 가벼운 배낭에 홀가분한 기분도 잠시다. 땀범벅인 바지는 칡넝쿨처럼 얽혀서 갈 길을 방해했다. 여행도 마무리 단계로 접어들었다며 옷가지를 아그라의 어느 촌부에게 주고 온 일이 후회스러웠다.

시티투어를 예약해 놓고 가게로 달려갔다. 민소매에 파란 줄무늬가 시원한 짧은 원피스를 골랐다. 샌들도 구입할까하다가 아끼고 줄여서 한발이라도 넓게 보자는 주머니철학이 그것까지는 허락하질 않았다.

구성원은 나 같은 자유여행객들로 유럽과 미국 등지에서 온 젊은이들이었다. 우리나라가 여행자유화되기 전이었으니 대부분 백인들이고 한국인은 나 혼자였다. 가이드 설명도 당연히 영어다. 아는 만큼 보고 나름대로 즐기는데 익숙해서 잘 안 들려도 개의치 않았다.

레슬링 선수 같은 이가 무엇인가 도와주려고 내 주위를 맴맴 거렸다. 몇 마디 주고받은 가운데 내 언어 실력을 알아차린 거다. 애초에 다름을 인정하고 한발 물러서는 마음 때문인지 외국인과 대화는 뜻이 다 통하지 않아도 흥미진진해서 단박에 친해지기 마련이다.

가이드는 설명을 마친 다음 꼭 나와 눈을 마주치면서 "Understand?"하고 물었다. 그리곤 내 표정이 시원치 않으면 반복 설명하는 친절을 베풀었다. 분위기가 화기애애한 가운데 일정이 지연되었다.

오후로 접어들자 태양의 열기가 한소끔 더 치솟았다. 땀범벅인 그의 걸음이 뒤처지기 시작했다. 참을성이 극점에 이르렀을까. 한 사람을 위한 진행은 곤란하다면서 반기를 들었다. 가이드와 설전이 오갔다. 나머지 사람들은 그를 향해 이해불가라는 서양인 특유의 몸짓을 하면서 상황 종료를 기다렸다. 내가 원하는 진행이 아니었는데도 얼마나 미안하던지 한마디 보탰다.

그 진의가 빗나갔을까. 가이드를 향한 화풀이가 내게 튀고 말았다. 여행객들은 퍼스트레이디 정신이 몸에 배어서인지 하나같이 내 편을 들었다. 궁지에 몰린 그는 이성이 마비된 듯 거칠어졌다. 나는 서툰 영어로 힘겹게 받아치다가 뜬금없이 "You are a monkey"라고 쏘아붙이고 말았다. 아뿔싸! 쏟아진 물이다.

영어에 대한 최초 기억은 소년 시절로 거슬러 올라간다. 하얀 깃의 교복과 새로운 과목에 대한 호기심으로 중학교 입학은 신천지에 첫발을 들여놓은 기분이었다. 특히 리드미컬한 발음에 현혹되어 영어시간이 좋았다.

처음엔 몇 가지 배운 말을 식구들한테 종달새처럼 지껄였다. 시골 동네에 어쩌다 외국인이 나타나면 횡재나 다름없었다. 이름부터 시작해서 아는 대로 떠벌리다가 그 사람이 멀어지면 손나팔을 만들어 "유 아 라 몽키"하고 외쳤다.

치기 어린 그 말이 무의식 속에 웅크리고 있었을까. 살인도 저지를 수 있는 날씨 때문이었을까. 차라리 분위기를 환기할 수 있는 역발상으로 'You are a gentleman!' 했더라면 모두가 웃고 말았을 것을. 하필이면 몸의 기억이 그 순간에 발동하다니.

달아오른 거구를 다스리기가 얼마나 힘들면 저럴까 배려하지 않은 유치함, 수십 년이 지난 일인데도 그날을 생각하면 얼굴이 화끈 달아오른다.

그 덕분에 고궁에서 만난 서양인은 내 친절을 한 몸에 받았으니. 행운아였다고나 할까.

여행 때마다 불편을 겪고 나면 배움의 의지가 불끈 타오르곤 한다. 돌아와서는 사그라지고 마는 기억 중, 도드라진 그해 여름이다. 대충 넘어가는 소극적인 자세로 남의 나라 말을 배운다는 게 가당키나 한 일인가.

또 웃습니다

여름날 미술관 가는 길이 탄력을 잃은 고무줄처럼 늘어집니다. 느린 걸음으로 주변을 구체적으로 돌아봅니다. 거리는 전염병을 막아내느라 마스크를 쓰고 걷는 사람들의 지친 모습으로 어둑합니다.

질주하는 자동차 소음이 생각의 흐름을 한사코 방해합니다. 아닙니다. 무거운 분위기를 흔들어 함께 가벼워지려는 물질의 충돌 현상인지도 모릅니다. 전철역에서 미술관까지 20여분을 걸어갑니다.

오르막이 이어지다가 중간쯤에서 그만큼 기울어진 내리막입니다. 매번 가뿐히 걸을 수 있다는 속임수(?)에 걸려든 느낌이 싫지는 않습니다. 어제도 그렇게 살았고 오늘도 이렇게 살고 있는 인생길을 닮았다고나 할까요.

길 양쪽으로 우거진 숲이 공해를 걸러내면서 숨통을 터줍니다. 그런데 누가 벗어던졌을까요. 단단히 싸맨 더러운 보퉁이와 누더기 겨울잠바가 길 위에 버려졌습니다. 늘 옆구리에 끼고 다녔을 물건 같은데 말입니다. 순간 절망이나 포기 같은 부정의 이미지가 떠올랐습니다.

앞길이 흐려지면서 서럽기까지 합니다. 나와 무관하다는 심리와 내게도 닥칠 수 있다는 불확실성의 미래가 상충한 불안인지도 모릅니다. 멈칫하다가 그냥 지나칠 수 있는 일인데도 혼란스러운 세태에서 불거진 과잉반응이 아닌가 싶습니다.

『작업作業』이라는 주제로 내놓은 14인의 작품은 저항, 역류, 고독으로 나뉘어졌습니다. 만물과의 소통을 위해 또 다른 언어로 표출한 작업입니다. 주변을 깊게 성찰하고 고뇌하는 예술가의 심장 박동이 조금은 난해한 합주로 흐르면서 시공간을 장악합니다.

작업을 따라가는 오감이 어떤 작품 앞에서 얼어붙습니다. 길 위에 떨어진 잠바가 여기에도 걸려 있다니요. 역류로 분류된 황재형의 「사망 진단서」입니다. 때 묻은 야

전잠바에 세상으로부터 외면당한 목소리를 담아냈습니다. 길에 버려진 잠바는 소외된 채로 나뒹굴고, 작가 손에 들려진 잠바는 체념을 유보한 채 또 한 번 부르짖는 메시지의 도구가 되었다고나 할까요.

작가는 젊은 날에 탄광촌에 들어가 광부가 되었습니다. 극도로 열악한 환경을 몸소 체험하고 고발한 작품에서 생력 넘치는 결기를 느낍니다. 굳어진 사고나 어둠을 해체하고 이상적인 융합을 꿈꾸는 도전과 창작의식. 저항이 녹아든 고독한 표상마다 어떤 물음을 던집니다. 담아낼 그릇이 없는 나는 주춤주춤 부끄러운 걸음입니다. 그럼에도 나를, 우리를 기꺼이 초대한 전시의도를 톺아보려고 바짝 다가섭니다.

주제를 구체화하는 저항과 역류, 고독. 세 낱말이 어깨동무하고 삶과 인간을 얘기합니다. 몸과 정신과 삶은 분리될 수 없는 하나의 유기적 덩어리일 테니 말입니다. 평화와 정의를 소원하는 의식이 역류하면서 저항의 푯대를 세웁니다. 그리곤 숨죽인 가슴으로 오늘과 내일을 새김질합니다.

다분히 의도한 구상이 전혀 의도하지 않은 방향으로

달음질하는 사고와 행위의 결과물일 것입니다. 무의식의 본능이 작업을 적극 간섭했을 테니까요. 시대를 넘나들며 선을 추구하는 갈망이 빚어내는 예술의 기능이 아닌가 싶습니다.

간힌 공간에서 분출한 이응노의 「군상」에서 희망을 찾을 수 있을까요. 구본주의 「눈칫밥 삼십년의」의 절절함에 우리는 얼마나 공감할 수 있을는지 모르겠습니다. 은둔의 방에서 그려낸 장욱진의 「닭과 아이」를 들여다본 감상자는 순전한 걸음으로 동화 같은 풍경을 따라갈는지요. 그리고 너무나도 익숙한 김창열의 「회귀」의 물방울이 생명의 본질과 회귀성에 대한 물음을 또 쏟아냅니다.

시대를 아파하고 세상을 사랑하는 예술가의 저항과 역류, 심연의 고독이 호흡을 짓누릅니다. 생을 저주하는 암시가 역력했던 길 위의 잠바와 그 생을 고통스럽게 살아낸 탄광촌의 잠바가 끝없는 질문을 합니다.

대상을 심층적 혜안으로 바라보면 험한 인생길도 걸어갈 만 하지 않을까 싶습니다만, 어떻게 살아야 할지 또 우문을 품습니다.

제 3 부

껍데기 나뒹구는 대지

산길을 걷는 발끝에서 소소한 정겨움이 피어난다. 감동이 배가되어 걸음이 느려진다. 얼키설키 쌓인 나무토막에는 소복소복 버섯이 돋아나고, 그 사이에 움막 같은 공간이 만들어졌다.

주변엔 꽃잎처럼 예쁜 발자국이 선명하다. 어떤 동물이 들락거리나 보다. 사람살이 태초의 둥지도 이렇게 소박하게 시작하지 않았을까 싶다.

흙냄새와 나뭇결의 포근함. 호박 덩굴 올라간 초가집을 연상한다. 노란 꽃송이 안에서 윙윙거리는 소리가 들리는 것만 같다. 비록 몸은 작아도 부단한 날갯짓으로 근육을 길러서 살길을 찾는 호박벌 비행은 얼마나 슬기로운가.

햇살 스며든 그루터기에 앉아 엉킨 생각의 가닥을 고른다. 저 집에 누울 수 있을 만큼이나 나도 작아진다. 잠시나마 육신의 소욕이 줄어들었나 보다.

빼곡한 마천루가 시야를 압도한다. 억압과 항거, 대립과 희생의 역사. 그 터전 위에 불사조처럼 우뚝 솟아올랐다. 불모지 같은 땅에서 무엇이 싹트고 자라기나 하는 걸까.

변화의 기류를 타고 허둥대는 인파. 피둥피둥한 삶이 쏟아놓은 쓰레기 더미에 눌린 지구. 저 콘크리트 덩어리 칸칸의 값이 토끼 걸음으로 뛰어올라 상대적 박탈감을 부추기는 세태. 좁은 땅에서 벌어지는 소유의 치열함이 우리 영혼을 갉아먹는다. 물질문명의 무자비한 척도에 사람들의 걸음이 갈팡질팡한다.

또 어떤 흥정이 이루어졌는지 괴물처럼 목을 길게 뺀 사다리가 집 한 칸을 덥석 물었다. 나그네 고단함이 잔뜩 묻어난 보따리가 수없이 오르락내리락 곡예를 한다. 아찔한 움직임을 올려다보는 마음이 착잡해진다. 휴식하는 공간, 꿈꾸는 삶을 일구어 가는 공간 이동이었으면

하는 바람이다.

오늘은 삼일절. 세상이 서러운 누군가 편안하게 울도록 온종일 눈비가 내린다. 이 땅이 거저 주어진 게 아님을 새삼 끄덕이는데 부여가 고향인 지인의 메시지가 뜬다. 봄볕 좋은 날 시인 신동엽을 만나러 가자는 솔깃한 내용이다.

들뜨는 호흡에 매향이 스며든다. 서가에서 시대정신이 알알이 박힌 그의 시집을 뽑아 들고 부여로 향한다.

생가와 한마당을 이룬 문학관에 다소곳한 첫발을 들여놓는다. 무장식의 소박함과 담담한 절제미로 먼 길 달려온 방문객을 푼더분하게 맞아준다. '빈자의 미학'을 건축철학으로 삼은 승효상 작품이다.

소망을 노래하는 하늘 아래 호박 한 덩이가 누렇게 익어가는 모습 같다고나 할까. 가난하되 가난하지 않은 현자 같은 모습이다. 시시때때로 삐쭉거리는 내면의 군더더기가 녹아내리면서 차분한 다리쉼을 돕는다.

그 철학마당에 대부분이 절대 가난으로 허덕였던 시인의 고독이 나부낀다. 차돌 같은 시어로 저항하는 빈자의 찬란한 몸짓이다. 불굴의 정신으로 여기에 이르렀으니

개탄보다는 감사가 앞서야 하지 않을까 싶다.

짓밟힌 민족을 끌어안고 제 살을 찢는 이가 한둘일까마는, 우선 그를 기리며 3.1절이랑 4.19랑 살아 숨쉬는 「아사녀」를 또록또록 낭독한다. 그리곤 웃을 수도 울 수도 없는 미안함에 나는 어설픈 시를 짓는다.

아름다운 땅인가 이곳은

새삼 쿵 내려앉는다
쇠항아리 같은 하늘을 찢는 서른아홉의 생애
영화<파워 오브 원>같은 인물들 저절로 떠올라
먹구름 속 태양을 보게 하는 시인의 흔적

세속에 찌든 내 삶이라고
누가 함부로 꾸짖겠냐마는
부채의식으로 여민 몸뚱이 주억거리며
먼지 수북한 거울을 닦는 시간
형형한 눈빛 시인을 체읍으로 읽는다

껍데기 벗겨내는 시인과
사철바람을 엮어가는 우리가 있어
아름다운 땅인가 이곳은

빈자의 미학을 닮은 동물의 발자국도 나의 여정도 시간의 바람에 새로워지리니. 생명의 역사는 가슴에서 또 다른 가슴으로 뛰는 건강한 맥박에서 제 구실을 하지 않을까 싶다.

겨울이 채 가시지 않은 산그늘은 묵묵하고. 시인의 말처럼 껍데기를 내치면 내일이 밝아질까. 소유가치가 존재가치를 휘두르는 현실을 아는 듯 모르는 듯 금강은 유유히 흐르는데…….

하늘의 시간을 그리다

봄이 왔네! 몇 번 그렇게 첨벙거리다가 삼월을 놓쳐버렸다. 앞에서 가로막아도 뒤에서 붙잡아도 소용없는 불가항력. 눈시울이 서글퍼진다. 내게 주어진 나머지 시간도 이처럼 흘러갈 것이라는 존엄한 가르침에 무릎을 꿇고, 허망하다는 생각은 몸 밖으로 몰아내기로 한다.

지고한 숨결이 목련꽃을 피우는 사월이다. 거리에서 앞 못 보는 청년이 '나의 갈길 다 가도록' 찬송가를 연주한다. 호소력 짙은 바이올린 연주에 행인들의 반응이 다양하다. 환하게 웃는 얼굴, 무심한 얼굴, 찡그린 얼굴, 어디론가 걸음을 떼는 사람들 뒷모습에 화살 같은 오월이 따라붙는다. 나는 한없이 머물 수 없는 땅의 순간과 무한한 하늘의 시간을 그려본다.

싸라기처럼 쏟아지는 문자 중에 '상연아, 사랑해' 친구의 가슴언어가 새싹처럼 어여쁘다. 꽃삽으로 살포시 떠서 내 심중에 옮겨 심는다. 보고 싶은 사람이다. 호들갑으로 달려가서 와락 껴안고 싶은 보고픔이 아니다. 마음으로 다가서기만 해도 든든하고 위로가 되는 뭉근한 보고픔이다.

내가 슬픔을 삼키지 못하고 강가를 배회할 때면 함께 울어주던 사람. 눈부심이 없는 들꽃처럼 오래 들여다볼수록 사랑스러운 사람이다. 박토인 내 속에 뿌리내려 사철 푸른 그가 얼마나 귀하고 고마운 존재인지 모른다.

열쭝이처럼 바동거렸던 세월, 그와 더불어 세상을 경작하고 뉘 고르기를 하면서 살아왔다. 둘 중에 누가 먼저 가고 누가 이곳에 남아 있을는지 하나님의 시간은 아무도 모른다는 거. 관계의 소중함에 비례되는 염려가 아닐는지. 삶의 여정을 동반하다가 북극성 같은 한쪽이 사라진 다음의 상실감은 나약한 피조물의 속성일 테니.

연두색 물결이 밀려오는 어느 날. 소박하면서도 진귀한 밥상을 차리듯이 그가 담담하게 말문을 열었다. 추해질 가능성에 가까운 나이를 어림잡아놓고, 그 시점에 이르면 손잡고 깊은 산속에 들어가서 물만 마시다가 자연으로 돌아가자는 거다. 얼핏 괜찮은 발상 같은데 되뇔수록 세미한 가시에 걸린 듯 불편했다.

죽음에 관한 담론은 언제라고 가벼울 수는 없다. 자연사에 최대한 접근하는 방식을 고민하는 친구의 심경을 공감하면서도 아무 말도 할 수가 없었다. 우매한 피조물이 윤색한 교만이 아닐까 싶어서다. 언제부턴가 생사여탈권은 창조주의 절대주권이라는 불변의 섭리만은 또렷이 알고 있는 까닭이다.

그리고 그때까지는 자신부터 잘 추슬러서 서로 사랑하자는 간절함으로 말갈망했다. 이 대목은 자타를 위해서라도 적극 실천해야 할 덕목이지 싶었다. 그럼에도 나는 수두룩한 핑계거리를 내세워 가지치기도 미뤄놓고 게으름을 굴리며 살고 있다. 챙겨야 할 우선순위는 들쭉날쭉, 사랑할 대상도 맘 내키는 대로다.

스치기만 해도 달라붙는 끈끈이처럼 나약한 속성에 기생해서 세력을 키워가는 나쁜 버릇들. 하나님이 주신 자유의지를 제대로 사용하는 일이 어디 쉬운 일이던가.

물병과 작은 스케치북을 챙겨든다. 친구의 바람이 활보를 돕는다. 탱탱하게 부푼 봄 속을 오지게 누빈다. 산비탈에서 쑥을 뜯는다. 레몬향보다도 친숙한 냄새로 머리가 맑아진다. 누가 이런 향기를 만들었을까. 손톱 밑이 까매지는데도 시간 가는 줄 모른다. 망외의 수확으로 저녁식탁이 향기롭겠다.

그 언저리에 들꽃이 도담도담 피었다. 순수로 피고 지는 것들은 세속의 관심을 필요로 하지 않아서 그럴까. 본체만체 지나가는 길손들의 무심에도 제 모습 그대로 흔들리며 시절을 색칠한다. 바라볼수록 다소곳해진 나는 송이송이 하얀 웃음을 스케치북에 담는다.

하루가 서쪽으로 기울어갈 무렵, 친구의 소식이 날아든다. 『WHY JESUS/ 조정민 지음』을 읽고 하나님을 생각하는 각도가 달라졌다는 고백이다. 고행의 언덕에서 천국의 비밀을 거머쥐고 숨 고르는 순례자의 모습이다.

뛸 듯이 기뻤다. 어쩌다는 친구가 십자가 주변을 어정거리는 것 같아서 못내 안타까웠음이다. 하나님이 보시기엔 내가 더 한심할지도 모르는데 피조물의 판단에서 비롯된 엉터리 잣대가 아닌가 싶기도 하다.

나의 갈길 다하도록 인도하시는 하나님의 음성이 울려 퍼지고. 죽음의 미학을 탐색하는 피조물이 이스라엘에 던지시는 말씀의 다림줄을 붙잡는 활기찬 사월. 호기로운 대지의 맥박소리를 듣는다.

자갈밭에서도 비탈진 곳에서도 모진 바람에 찢긴 상처를 드러낸 채 하나님바라기하는 생명들. 그 따사로운 입김의 치유로 때를 알아차리고 하루가 다르게 성장할 존재들이다.

만물에 하나님의 섭리가 작용하듯 나의 갈 길에도 그러할 것이니. 자신부터 챙기자는 친구의 마음을 되새긴다. 북풍이 불어오든 남풍이 불어오든 제 자리를 감사하며 풋풋하게 살아야겠다는 속다짐이다. 둘레둘레 소중한 사람들을 돌아보기 위해서라도 나를 사랑하고 세우는 일이 먼저이기에.

어떤 염려의 매듭이 풀리면서 가슴이 하늘로 열린다. 세상이 줄 수 없는 하나님의 위로와 밀어주심으로 걸어가는 너와 나. 내일의 삶이 발판 없는 허공처럼 두렵지만은 않을 거야.

친구 집으로 봄나들이 가야겠다. 들꽃 향기로운 마당에서 뛰노는 해 그림자놀이도 즐겁겠다. 무엇보다도 변화된 그의 심장에서 무슨 얘기꽃이 피어날지 몹시 궁금하다.

높은 자리

낯익은 얼굴이 휘청휘청 걸어온다. 산책의 리듬이 깨질까봐 목례만 하고 비켜서려는데 그가 발길을 붙든다. 그동안 안부를 묻더니만 괄괄한 입담이 또 엉뚱한 방향으로 뻗는다. 재직 시 '높은 자리'에 있었다는 자랑을 은근히 내비친 다음부터는 무용담 같은 사설을 늘어놓곤 한다.

자신의 이름보다 사회적 명함을 도드라지게 설명하는 사람이다. 그 능동성으로 주변을 섬겼을까, 군림했을까. 그건 모를 일이다.

바람이 숲을 한바탕 뒤흔든다. 병든 이파리가 떨어지고 썩은 나뭇가지가 부러진다. 하늘과 소통하면서 청정하게 사는 나무들. 그 비결이 경이롭다.

태초에 아담과 하와처럼. 이 땅에 태어난 모든 사람은 고유한 이름을 갖게 된다. 그 고유명사를 앞세운 다음에야 사회조직이나 활동영역에서 자리매김한 호칭을 얻는다. 그 명함으로 삶의 필요를 채우고 유무형의 관계망을 엮어가며 삶을 영위한다.

그렇다고 해서 그 별칭이 출생 시 주어진 고유명사를 뒤엎거나 능가할 수는 없다. 살든지 죽든지 고귀한 존재라는 상징성을 띠고 명명되는 그 이름, 무엇보다 공평하고 유일무이한 가치가 아닐는지.

그런 본연의 정체성을 회복하기 위한 작은 모임에 수년 간 참여하고 있다. 30대부터 70대까지 서로 입장은 달라도 이름 부르기를 주저하지 않는다. 편안하고 진지한 토론 분위기에서 관계를 성찰하고 자기를 확장하는데 몰입한다. 세태의 잣대를 들이대지 않으며 있는 그대로를 존중하는 소통으로 만족도가 높다.

나이든 이들은 서로 이름 부르기를 조심스러워 한다. 그래서인지 사회적 인식이 그럴싸한 명칭을 이름 뒤에

붙여서 부른다. 그에 걸맞은 언행과 마음씀씀이가 따르지 않고 대접받는데 그친다면 빈 수레에 불과할 것이다. 그럼에도 대부분 거창한 호칭을 마다하지 않는 것을 보면, 인격과 높은 자리를 동일시하는 세상 분위기 탓인지도 모르겠다.

더욱 고귀해지고 싶다면 학창시절 '네'하고 대답했던 출석부에 명기된 이름을 상기하고 살아갈 일이다. 그 이름으로 자유롭고 당당하게 세파를 건너는 징검다리를 놓는 것이다.

큰 나무가 작은 나무를 대신할 수 없고 작은 나무가 큰 나무를 대신할 수도 없다. 개개인의 생각이 다른 다채로움으로 직조되는 세상. 누군가는 우물을 파고 어떤 이는 두레박을 만들어서 더불어 목을 축이며 앞서거니 뒤서거니 걸어간다. 허물어지지 않은 자존감으로 자신만의 노래를 부르면서 씨를 뿌리고 열매를 거두는 세상 풍경을 그려보곤 한다.

모두가 주어진 이름이 갈고 닦은 능력으로 울타리 안팎을 가꾸며 살아가면 좋으리라.

비행기에 실려 하늘 높이 날아도 잠시 들뜰 뿐 땅으로 내려와야 편안하다. 낮은 곳으로 흐르면서 맑아지는 물처럼 무엇이든지 존중하는 가슴으로 살아가는 이는 참으로 위대하다.

좁다란 길 위에 누가복음 14장에 기록된 성경말씀이 죽비로 일어선다. 자기를 높이는 자는 낮아지고 자기를 낮추는 자는 높아지리라는……. 아무데서나 스스로 높아지려는 사람에 대한 경계의 말씀이다. 초대받은 잔칫상에서 대접받을만한 조건을 갖추었으면서도 구석 자리에 먼저 앉기를 주저하지 않은 사람. 마땅히 높임을 받아야할 겸손의 사람이다.

세찬 바람에 그의 모자가 저만큼 날아갔다. 벗겨진 이마 언저리에 진땀이 흥건하다. 아직도 높은 자리를 맴돌아서 그런지 모자를 잡으러간 뒤태가 힘겨워 보인다. 어쩌면 그 모습에 내 모습이 겹쳐보였기 때문인지도 모른다. 살아온 시간이 온몸에 만들어 놓은 너와 나의 흔적. 오늘따라 짠하고 민망하다. 나무들도 낯간지러운지 몸을 살래살래 흔든다.

다시 잠잠해진 숲을 걷는다. 땅 기운이 온 몸으로 스며들어 심신의 골짜기에도 청량한 바람이 인다. 하나님이 가르쳐준 겸손으로 몸을 낮출수록 높아지는 자리. 한 줌 흙으로 돌아가는 인생이 오를 수 있는 가장 빛나는 고봉이 아니겠는지. 거기엔 터무니없는 나를 들여다보며 자꾸만 짧아지는 여생을 골막골막 걷는다.

아직도 늦지 않았다

초록이 생동하는 여름 문턱이다. 비가 그치자 틈틈이 일어서는 빛기둥에 나무들이 팔랑팔랑 몸을 말린다. 까마귀 한 마리가 젖은 날개를 퍼덕이며 한껏 목청을 높인다. 다른 새들도 가까이서 멀리서 겨끔내기 노래로 안부한다. 자연의 섭리에 기대어 살아가는 생명들은 그 그림자조차도 깊고 푸르다.

친환경 재해방지 작업을 한다는 알림장이 펄럭이는 마을 뒷산에선 인부들의 몸놀림이 부산하다. 수개월 전에 토사가 무너지고 키 큰 나무들이 쓰러진 곳이다. 된비알 산자락이 초등학교 운동장에 닿아있어 더욱 꼼꼼하게 살피고 다지나보다. 건강한 땀방울이 스며든 땅에서 생명들이 더 훤칠하게 자라겠다. 이제 아이들이 마음껏 뛰놀며 하늘 높이 웅지를 펼 수 있겠다.

건너편 숲길에선 하얀 머리칼을 휘날리는 노 시인이 팔을 걷어붙였다. 넘치는 빗물이 제 길을 찾아가도록 샛길을 내주는 작업이다. 환경이 훼손될 위험이 도사린 곳에는 걸음을 아끼지 않은 사람이다. 삽질하는 몸짓이 노련하고 비장하다. 그는 뿌리 깊은 노거수처럼 주변을 돌아보는 보폭을 넓히면서 연륜을 더해간다.

사흘이 멀다 하고 비가 내린다. 그러다가도 가뭄이 들면 우리 가슴은 바짝바짝 타들어 간다. 무엇이든지 지나친 넘침이나 모자람은 관계를 위협하고 삶의 균형을 깨트리기 십상이다.

숨 가쁘게 쏟아지는 소나기가 한순간에 세력을 키운다. 거칠어진 물줄기가 내리막길에 이르러서는 간간히 터놓은 물길로 나눠진다. 신음하는 지구를 염려하고 사랑하는 시인이 열어놓은 손길 따라 낮은 곳으로 흐르면서 숨을 고른다. 빗방울 난타가 버거운 참나무도 한시름 놓았다는 듯 심호흡을 한다.

거세진 고랑 물살에 잔돌이 굴러간다. 한때는 나무의 성장을 도왔던 이파리도 가볍게 휩쓸린다. 가다가 멈추어도 순수한 변화로 주변을 이롭게 할 것들이다.

에구머니나! 비닐 등속이랑 음료수 빨대도 잽싸게 끼어든다. 누군가 편리하게 쓰고 탐닉하다가 무심히 버렸을 이물질이다.

흙이 되고 물이 되기를 거부한 것들과 우리는 어느 틈에 이리도 친해졌을까. 무분별한 욕구는 인간성을 파괴하고 예측불허의 재앙을 불러온다. 제 성질을 내세워 다른 생명을 괴롭힐 쓰레기를 그대로 떠내려가게 할 수는 없다. 수심 1만 미터가 넘은 해저에서 플라스틱이 발견되었다고 하지 않던가. 해파리인 줄 알았다는 발견자는 얼마나 아찔했을까. 미안한 마음을 갚기에는 너무나 멀리 와버렸다는 현실이 무척이나 안타까웠으리라.

우리가 하늘의 소리를 못 들은 척했을까. 땅의 호소를 무시한 걸까. 생태계의 지각변동이 심상치 않다. 곳곳에서 들려오는 뭇 생명의 탄식이 민망하다. 또 다른 구상나무가 제 자리를 잃을까 봐 초조하다. 뒤뚱거리는 남극 펭귄도 엉금거리는 북극곰도 살아갈 길이 난감하리라.

히말라야 꼭대기라고 온전할 수는 없을 터다. 갈수록 심화된 현상들이 그동안 우리가 걸어온 내력을 날카롭게 추궁한다. 저 비명을 외면한다면 머지않아 세상은 무너지고 말 텐데. 줄기찬 문명의 이기는 어디까지일까.

건져 올린 빨대를 무심결에 손가락에 칭칭 감고 말았다. 무의식의 행위로 한 마디가 비정상의 색채를 띠면서 서서히 죽어간다. 아프다.

나무는 가지를 뻗고 몸집을 키워가면서 새들을 불러들인다. 새들이 둥지를 튼 숲은 푸르고 청정하다. 지구건강과 환경미화에 식물만큼 유익한 종이 또 있을까. 우리나라 남쪽에 '시드 볼트'가 설치되어 있다. 식물 멸종에 대비한 보물창고다.

그 창고가 절대로 열리지 않기를 소원하며 한 몸에 사계를 품은 대지의 숨결에 가슴을 밀착한다. 봄꽃이 불러놓고 간 풍경에 먹칠은 하지 말아야지. 나무가 제 자리에서 숲을 이루도록, 바다 생물이 숨을 잘 쉬도록, 앞만 보고 내달리지는 말아야지. 아직도 늦지 않았다고 새들처럼 노래하고 싶다.

인간은 보이지 않는 내일을 그리면서 성장하는 존재가 아닐까 싶다. 미지의 시간은 살아갈 이유를 북돋아 주는 힘의 원천인 까닭이다. 나무 한 그루 심어놓고 알찬 열매를 기다리는 인내의 삶. 그 다가올 시간에 기대어 무너질 것 같은 나날을 추스르곤 한다. 그 열매는 산이랑 들이랑 바다랑 어깨동무하고 가꾸어야 얻을 수 있는 고귀한 선물이리라.

다시 하늘이 열리고 온 누리에 여름빛이 새맑다. 말쑥해진 가로수 너머로 멀리 산 주름도 펴진다. 비 온 뒤 세상은 옷소매를 걷어붙인 시인이 가꾸어놓은 마당처럼 싱그럽다. 더불어 행복하게 살기 위해서 이 땅을 지켜가는 이들의 카이로스 걸음에서 피어나는 웃음꽃이 아닐는지.

덩굴손

습도가 높고 삶이 무겁다. 덩굴식물은 제 철을 만난 듯 잘도 뻗어나간다. 제 길을 수월하게 가는 것 같아도 어디에 몸을 기대고 가슴을 펴볼까 녹록치 않았을 터다. 여린 순으로 벽을 뚫고 뿌리를 내리느라 힘들고 아팠을 테지. 폭풍우도 너끈히 이겨내며 희망을 불러오는 의지의 덩굴손. 흐린 날에도 더운 날에도 열린 세상을 향해 탱글탱글 벽을 넘는다.

빨래를 하려다 구석에 밀쳐놓고 책상을 정리한다. 읽다만 책이 다시 들리기를 기다리며 하품을 하고, 그 주변으로 널려 있는 연필과 지우개, 만물상 같은 낙서장도

생기를 잃었다. 주인의 일과에 구색 맞춤으로 등장하는 소품들이 차분히 앉아 있기도 불편했던 주인의 한동안을 설명하는 거다.

메모장을 들여다본다. 아무렇게나 끼적여 놓은 생각의 파편들로 어수선하다. 언제 이런 걸 써 놓았을까. 엊그제 기록인데도 기억이 명멸한다. 어머니 모습이 아른거리는 바람에 앞뒤 맥락이 잡히질 않아 한참을 헤맨다. 한쪽으로 쏠린 정신의 균형을 잡아보려고 허리를 곧추세운다. 처음인 듯 무릎을 치면서 밑줄 긋기를 번복한다.

모처럼 진득하게 대문을 걸어놓고 내면의 물고를 튼다. 책상 위에서 투덜투덜 졸고 있는 문방사우가 활기를 띤다. 한 줄기 파릇한 생각이 날개를 퍼덕이며 다른 생각을 펴 올린다. 그리곤 비처럼 햇살처럼 서로의 경계를 넘나들며 눈 맞춤하니니만 희망을 노래한다.

햇살도 거부당한/ 콘크리트 벽에/ 온몸으로 기어올라// 시들어 가는 것들을 위해/ 날마다 푸른 엽서를 쓰는/ 의지의 덩굴손

제목을 덩굴손으로 정해놓고. 마지막에 온점을 찍을까 말까. 망설이다가 삶은 현재 진행형이므로 열어놓기로 한다. 인생의 순례는 계속될 것이고. 들숨날숨의 마침은 내 뜻대로 운영할 수 없는 창조주의 영역이므로.

요양원에 계신 어머니를 뵙고 온 후로 아무 것도 손에 잡히지 않는다. 뵙고 올적마다 휘청휘청 몸살을 앓곤 하는데 요즘 들어 더욱 그런다. 마음은 이미 세상 짐을 벗어버리고 천국에 이르셨을까. 어머니 몸은 한줌 지푸라기 같은데 눈망울은 옹달샘처럼 맑디맑다.

정작 어머니는 평온하신데 나는 왜 혼돈의 바다로 침몰하는 걸까. 삶이 꺾여서 죽음이 되는 것이 아니다. 죽음은 사는 동안 수고하고 무거운 짐을 내려놓고 천국에 이르는 하나의 과정인 것을.

읽던 책을 다시 펴들었다. 오십 페이지가 넘어가면서 작가는 밀턴의 실낙원 몇 줄을 인용한다. '창조주여, 제가 부탁했습니까, 진흙에서 저를 빚어 사람으로 만들어 달라고? 제가 애원했습니까, 어둠에서 절 끌어내달라고?' 가끔은 화두로 삼아온 대목인지라 절절한 아픔과 공감으로 다가온다.

더 이상 책장을 넘기지 못하고 덮어버렸다. 어둠과 죽음이 불러오는 인생살이는 너나할 것 없이 엇비슷하다. 이 부분을 끌어들인 작가도 생명의 본질에 대한 성찰로 심한 가슴앓이를 하지 않았을까 싶다. 삶이 지루하거나 고통스러울 때면 누구나 한번쯤 항의했을법한 진부하면서도 절실한 항변이 아니겠는지.

흐린 날이 이어진다. 너도나도 한줌 햇살을 기다리는데 담쟁이는 여전히 앞으로 뻗어나간다. 그의 손길이 닿는 곳마다 죽어가는 것들이 새롭게 태어날 것이다. 오늘은 소서小暑, 나약한 일기를 쓰는 내 마음처럼 비가 오락가락 한다. 그래도 하늘은 열려 있다. 의지의 덩굴손으로 아픈 당신에게 날마다 푸른 엽서를 쓰도록…….

그래그래

가을밤이 깊어간다. 적정한 온도와 삽상한 바람이 종일 나댔던 몸을 너그럽게 감싼다. 절대자의 자상한 간섭이 느껴지는 고마운 시간이다. 달빛을 들여놓고 허리를 꼿꼿이 세운다. 잠이 달아나고 머리가 말개진다.

낮에 끼적여놓은 글을 들여다본다. 주제선이 드러나지 않고 중언부언하는 흐름이 못마땅하다. 서사가 빈약하고 이렇다 할 가닥이 잡히질 않는다. 생각은 깊어지는데 미궁 속 길 찾기나 다름없다. 정기모임에서 나눌 과제건만 빈둥거리다가 매번 당면해서야 고삐를 당기는 무리수를 둔다.

밤새 퍼 마신 갈바람 탓인지 목이 빼근하고 쉰듯하다. 성과도 없으면서 몸만 망가지는 꼴이다. 뜨거운 모과차를 끓이며 '모과'를 '모가'로 표기해서 내놓았던 예전 글 생각에 맥쩍게 웃는다. 그동안의 궤적에 비춰보면 앞으로 주어진 시간은 얼마나 알차고 귀하게 쓸 수 있을는지 의문스럽다.

서가 구석에서 책 하나 뽑아 들었다. 남쪽바다 끝 마을에 사는 문우가 두 해 전에 보내온 그의 세 번째 산문집이다. 받자마자 빠져들어 단숨에 훑어보고 다음에 찬찬히 들여다본다는 것이 다른 책에 겹겹이 가려져 순위 밖으로 밀려난 거다.

더러 그런다. 건성으로 읽다가 놓아버린다. 사람과도 데면데면하다가 시나브로 멀어진다. 어쩌다는 다시 꺼내든 그 책에서 다시 만난 그 사람에게서 값진 진주를 발견하고 울컥하기도 한다. 살아온 동안 그렇게 놓치버린 보석이 수두룩할 것이다.

책장이 술술 맛나게 넘어간다. 인고의 빛으로 에움길을 내딛는 파릇한 걸음에 탄력이 붙는다. 삶의 고비마다

시들해졌다가도 남국의 파초처럼 활기찬 기상으로 일어서는 그만의 변주. 가파른 둔덕과 깊은 이랑을 오르내리는 숨결이 애잔하고 어여쁘다.

이 친구, 동해를 마당삼은 야트막한 마을 문우 집에서 처음 만났다. 내 딸보다 한두 살 위일까. 구절초 같은 희고 여린 모습으로 다가와 스스럼없이 팔짱을 꼈다. 전국에 흩어져 사는 문인 몇이서 공동저서에 관한 의견을 나누고 우정을 다지자는 취지로 모인 자리에서다.

배를 타고 오갈까, 아니면 다리를 놓을까. 섬끼리 만나서 밤이 이슥하도록 마음의 길이 잘 열리기를 모색하던 그날 밤 알아버렸다.

지나치게 기름지고 오염된 세태의 밥상을 글쓰기로 여과하면서 내일을 열어가고 싶다는 열망이 녹아있는 그의 진정성을. 자연의 섭리에 문학을 상감하면서 인생을 성심으로 살아내고 싶다는 간절함에서 단박에 알아버렸다.

처음엔 여리면서도 야무지다 했다. 그 다음엔 아직 방긋거리는 연륜인데도 만개한 꽃처럼 성숙하다 싶었다. 이제는 그의 글에서 저절로 떨어진 살구 맛, 서리 맞은 홍시 맛, 잘 말린 비자 맛이 난다.

그리고 막 네 번째 수필집을 받았다. 내 나름으로 그의 글 솜씨는 이미 보증수표나 다름없다. 함박눈 내리는 날 군고구마 한 봉지를 안은 듯 문자 향을 만끽할 준비를 한다. 맛깔스러운 음식상을 받아서 활짝 웃는 얼굴로 수저를 든 기분이라고나 할까. 우선 보낸 이에게 잘 받았다는 문자만 보냈다. 두 마디는 읽고 나서 하고 싶다는 사족과 함께.

꼭지마다 별표를 달아주며 읽어나간다. 어떤 작가는 매일 원고지 20장 정도는 어김없이 쓴다고 하는데 이 친구 끈기와 열정도 그에 못지않다. 존재 이유와 가치를 진지한 무릎으로 엮어가는 그를 통해서 적당히 살아온 나를 비춰본다.

단단하고 넉넉한 품을 내어주는 느티나무 같은 향기로 글을 쓰는 사람을 만나기란 쉽지 않다. 내가 쓰다가도 망설이고 멈추기를 반복하는 핑계가 여기에 있는지도 모른다. 그렇다고 글 쓰는 자유를 내려놓기는 더 어려울 것 같다. 빈곤하면 더딘 걸음일지라도 방울방울 채우면 될 일이지 싶다,

여름날 계곡물에 담가놓은 수박을 쪼개 먹는 글맛이면 어떨까. 잡곡이 적당히 들어간 밥처럼 씹을수록 고소한

맛이라면 좋을 거야. 구석에 박혔다가 누군가의 손에 다시 들려져 심금을 울린다면 더 없는 보람일 테지.

조금은 행복하고 고비마다 팍팍한 인생길. 돌아가는 세속에 둔감하게 반응하며 반쯤 감은 눈으로 더듬더듬 살아간다. 더러는 아는 듯 눈을 크게 뜨고도 뒤뚱거리기는 마찬가지다.

그 위태로운 길에 빛과 소금으로 버팀목이 되어주었던 정신의 동반에 순위를 매겨본다. 주저하는 여럿 중에 글쓰기가 앞장섰다가 슬금슬금 뒤로 물러난다. 굳이 쓰지 않아도 된다는 마성의 덫에 걸려 넘어지길 수차례였으니 그럴 수밖에.

문밖을 서성이기만 해도 가을이 묻어온다. 내 글밭도 갈바람에 무르익어가는 들판 같으면 얼마나 좋을까. 늘 품 있는 행보로 제 구실을 게을리 하지 않은 오랜 지기가 이런 글을 보내왔다.

'豐而不餘一言 約而不失一辭'. 풍부하나 한 마디도 남기지 않고 간략하되 한 글자도 빠트리지 않는다는 한유韓愈의 글쓰기 비법이다. 그 아래 지기는 이렇게 덧붙였다. '나는 내가 쓰고 싶은 대로 쓰렵니다.' 웬만해선 다다를 수 없는 경지를 스스로 재단해서 그런 식으로 자위했는지도 모른다.

잘 쓰지도 못하면서 볼 줄 아는 건방만 늘어가는 나도 지기의 그 역설에 편승해볼거나. 뒷짐 풀고 서성이는데 남쪽 끝 마을에서 불어오는 문향이 목덜미를 감싼다. 어떤 일에 혼신을 다해본 적이 있느냐고.

그래그래. 이제라도 늦지 않았어. 그런 후라면, 장미나 백합은 아닐지라도 깊어가는 가을밤에 흔들리는 과꽃이면 어떠랴.

모자람을 들추다

덥다고 몇 번 투덜대는 사이 여름이 물러날 채비를 한다. 막상 떠난다니 끈적끈적한 옷자락이라도 붙들고 싶어진다. 가을이 와도 팔짱을 끼고 사귈 만 하면 돌아서는 이별처럼 늘 아쉽고 공허하기 이를 데 없으니. 차라리 북풍한설 몰아쳐도 솜이불 하나로 따뜻해지는 겨울이 좋은지도 모른다.

어떤 환경에서든지 만족한 상태를 지속하기는 쉽지 않다. 이정도면 괜찮다 싶으면서도 세상과 나 사이, 자꾸만 벌어지는 틈새로 팔랑이는 바람 때문일까. 깊숙이 들어앉아 마음공부에 몰두하다가도 대문을 박차고 나가서 이리저리 휘적거리게 된다. 이례적인 현상을 발견하면

출렁이는 호기심으로 다가서고. 기억을 소환하는 대상을 만나면 발길 붙드는 동질감에 어깨춤을 추곤 한다.

노랑머리 청년이 고궁 담을 끼고 돌아가는 길모퉁이에서 연주 한다. '나의 살던 고향은 꽃피는 산골…….' 제 고향 풍경을 연상하면서 고달픈 이국의 삶을 스스로 위무하는지 눈빛이 촉촉해 보인다.

기와지붕의 부드러운 곡선과 현실을 살아가는 서양인의 직립적인 대비. 겉도는 분위기에 행인들의 무심까지 더해져 이방인의 한여름이 썰렁하다. 동심을 자극하는 선율이 울려 퍼지는데도 사람들은 마음 기울일만한 여유가 없어서일까. 바이올린 상자는 텅 비었다.

목마른 땅을 적시는 소나기 같은 박수를 치며 나는 작은 지폐를 넣는다. 돌아서지 않고 함께 흥얼거리는 작은 여인의 반응에 힘이 난 걸까. 그는 큰 키를 가로수처럼 한껏 늘이고 온몸을 흔들면서 귀에 익은 가곡을 연달아 켠다. 탄력이 붙은 연주와 익살스러운 표정으로 어두운 그림자를 지워간다.

그리곤 물 한 모금 마시고 주변을 둘러본다. 그 사이 곁을 주었더니 비바람을 막아주는 거처가 마련되어 그나마 살만하다며 눈을 찡긋한다. 코비드19 중에 이국생활이 만만치 않으리란 내 심중을 알아챘음이다. 비애와 환희가 출렁이는 다리 가운데쯤에 쉼표를 찍고 숨 고르는 여유로움이다.

짐이 너무 가볍거나 버거우면 중심 잡기가 힘들다. 삶의 필요를 채워가는 의지와 희망이 무너지지 않을 만큼의 무게였으면 좋겠다. 내가 퍼즐 한 조각 들고 그의 여정에 다가서는 까닭은 가슴근육을 단련시켜준 지난날 덕분이다. 수십 년 전, 유럽배낭 여행 중에 어쭙잖은 노래로 거리의 인심을 구걸(?)했던 기억이 너무나 생생해서다.

벗어 놓은 모자에 들어온 돈은 하늘에서 떨어지는 만나 같은 감사와 기쁨이었다. 단번에 많이 비축해놓아도 다음날은 상해서 먹을 수 없는 만나.

그러고 보면 모자람은 새로운 도약을 위한 디딤돌이며 건강한 삶을 영위할 수 있는 회초리가 아닌가 싶다. 절실함으로 구해서 진지하게 소비하는 참살이 말이다.

세 자매가 찻집을 찾았다. 작은 공간에서 한방 냄새가

진동한다. 서까래를 드러낸 천장은 산처럼 높고 시원하다. 자연의 향기를 품고 세월을 지탱하는 나무들의 쓰임새가 돋보인다. 거목이 숲을 거느린 느낌이라고나 할까. 좁은 공간을 크게 체감할 수 있는 결핍의 미학이다.

자리에 앉았더니 모기떼가 발목을 공격한다. 주인장을 부르자 테니스 라켓 같은 모기 채를 들고 온다. 비가 잦은데다 지대가 낮아서 그런다는 변명에는 미안한 기색이라곤 전혀 없다. 오히려 "모기 잡으러 많이들 와요. 재밌거든요." 태연하게 한마디 던져놓고 차림표를 가져다준다.

손님은 없고 모기가 많다. 이중적 고통으로 허덕이는 모자람을 저렇게 당당하고 유연한 입담으로 채워가다니. '이런 기분 뭐지!' 불쾌하기는커녕 유쾌하다.

문득 유머가 없어서 유머집을 샀다는 무뚝뚝한 친구가 떠오른다. 순간의 재치도 공부해서 되는 걸까? 내심 갸웃하면서도 그 결핍을 보완하려는 마음만으로도 예뻤으니까.

한방차는 다양하고 내용은 그럴 듯하다. 각자 부족한 부분을 보충하고픈 선택을 한다. 잘 지치고 기운이 없는 언니는 원기차, 늘 잠을 설친 동생은 숙면할 수 있다는 안심차, 비교적 건강 상태가 좋은 나는 젊음을 유지하고 스테미너를 더욱 올려준다는 '보신차'다.

차를 마시며 모기를 잡는다. 해충이 잡힐 때마다 타다닥 번개 치는 바람에 웃음이 만개한다. 동생과 나는 매순간 웃는다. 언니는 웃는 둥 마는 둥 한다. 흐드러지게 웃어야할 때 피시식 하는 언니나 뚝 그쳐야 할 대목에서 제어가 안 되는 우리나 모자라기는 마찬가지다.

많이 가진 자나 적게 가진 자나 나름의 모자람을 채워가면서 살고 지는 것이 인간의 한평생이지 싶다. 배가 부르거나 고프면 몸과 마음의 균형이 깨지기 쉽다. 거기까지는 경계해야함에도 살다보면 그런 지경에 이르는 경우가 허다하다.

더 오르고 싶은 희망을 부르는 팔부 능선쯤에서 허리를 펴고 정점을 바라보는 호방함. 타국의 거리를 떠돌며 결핍을 채우려는 청년의 미소에서, 시린 여정을 돌아보는 내 걸음에서 모자람의 일상이 넉넉해진다.

외톨이

그와 나. 성긴 울타리를 사이에 두고 가까워졌다 멀어졌다 한다. 들숨날숨에 스며들어 고갱이를 흔들어대는 그는 불가해한 존재다. 견제와 저항으로 버티기보다는 차라리 안으로 들여놓고 친구삼음이 어떨까 싶다. 울타리를 확 허물어버릴까 하다가도 여물지 못한 내 마음바탕을 먼저 돌아보게 된다.

세월에 겨워 이음새가 헐거워진 길까. 수도꼭지에서 가끔씩 물방울이 똑똑 떨어진다. 쉼표나 마침표 같은 그 여운이 혼자만의 시간에 동심원을 그린다.

만물에 반응하는 나는 혼자가 아니다. 쇠가 물을 만나서 하나의 목적으로 쓰이다가 닳아지고 쇠하듯이 나도 그와 공존하면서 죽어간다. 삶의 근원적 문제를 끝없이 제기하는 '고독'이라는 이름을 가진 거인이다. 성장을 도와줄 거라는 핑계를 퍼덕이며 나와 더불어 산을 넘고 바다를 건넌다.

몸 안에선지 밖에선지 또 싸한 기운이 밀려온다. 그는 얼마나 막강한지 힘으로도 능력으로도 물리칠 수가 없다. 제멋대로 가지를 쳐서 정신 줄을 흔들어놓곤 한다. 시린 이에 닿은 얼음 같아서 동거하기도 쉽지 않다.

그가 몰고 오는 기운에 또 무엇이 무너질지 모른다. 공기처럼 바람처럼 무색무취라서 잡을 수도 없으니 때마다 난감할 따름이다. 마시지도 못하는 술을 청해놓고 「외톨이」를 짓는다.

오늘 같은 날은
술 한 잔 기울이며
금지된 벽을 조금만 넘을까
그냥 몇 걸음만 벗어나 볼까
술잔에 떨어지는 피안의 시간
고독에 짓무른 외톨이가
벼랑 끝을 부른다

그 울림에 함몰될까봐 책을 뒤적인다. 제한된 의식공간을 넓혀서 습관적인 매임에서 놓여나고 싶어서다. 로맹가리의 『새들은 페루에 가서 죽다』. 죽음이라는 무거움을 가볍게 날아서 먼 곳에 내려놓는다는 은유일까. 비범한 이력을 가진 작가다운 제목에서 허허로운 해방을 맛본다.

인간군상에서 야기되는 부정 요소를 탄탄한 구성으로 짜놓은 단편들이다. 아름다운 세상과 평화로운 안식을 염원하는 목마름인지도 모른다. 불편한 끄덕임으로 행간을 채워가며 페이지를 넘긴다. 덮고 나서 더욱 진한 외로움이 차오를지 몰라도 읽기 전의 외로움과는 뭔가 다르지 않을까 싶다.

그는 처음이듯 매번 어설프고 익숙한데도 낯설다. 끌려 다니다가 밀어내다가 반목의 열패감에 휘감긴다. 연인을 기다리는 설렘처럼 오롯이 반겨서 새 일을 도모할 수는 없을까.

다가오는 계절이 사각지대에서 겉돌지 않기를. 또박또박 밥은 챙겨 먹기를 바란다는 연한 무순 같은 혼잣말을 한다. 누가 그랬던가. '고독은 아직 발견되지 않은 행복이다'라고. 내 미진한 가슴으로는 아직은, 글쎄다.

점심을 위해 감자를 깎는다. 불쑥 눈을 틔우고 키우는 바람에 관리가 여간 까다로운 식품이 아니다. 그 눈 속에 독성이 숨어있다니 쓱싹 도려낸다. 자연스러운 생존 현상이라고 감자가 떼를 써도 어쩔 수 없다. 동그란 감자 얼굴이 무너진다. 찬바람에 일그러진 내 모습 같다.

취약점을 공격하고 의지를 약화시키는 쓸쓸함 같은 거. 밤낮으로 파고들어도 감자처럼 도려낼 수는 없으니. 어차피 그와 더불어 살 것이면 날것 그대로 두기보다는 같이 썩어서 발효되면 좋으련만. 이렇게 식상하는 언어의 유희로 속을 달래고 버티기를 거듭하면서 막연하게 살아간다.

나만의 방에 빗장을 걸어놓고 고독을 삼키며 더듬더듬 책장을 넘긴다. 깊숙이 체화되면 글을 짓고 음악을 만드는 요소로도 그만일 테고. 이웃과 더불어 울고 웃을 수 있는 촉매제로도 좋을 것이다..

페루로 날아간 새처럼 나도 미답의 땅을 밟아가는 거다. 인생을 끊임 없이 담금질하는 고독을 조금씩 파먹으면서 앞으로 나간다. 그와나 사이 울타리가 무너진다 해도 의연하게 살아낼 수 있기를 갈망하며.

서릿가을을 끌어안은 나무에서 잎이 떨어진다. 헐벗은 가지 사이로 외톨이가 파란 날갯짓을 한다.

제 4 부

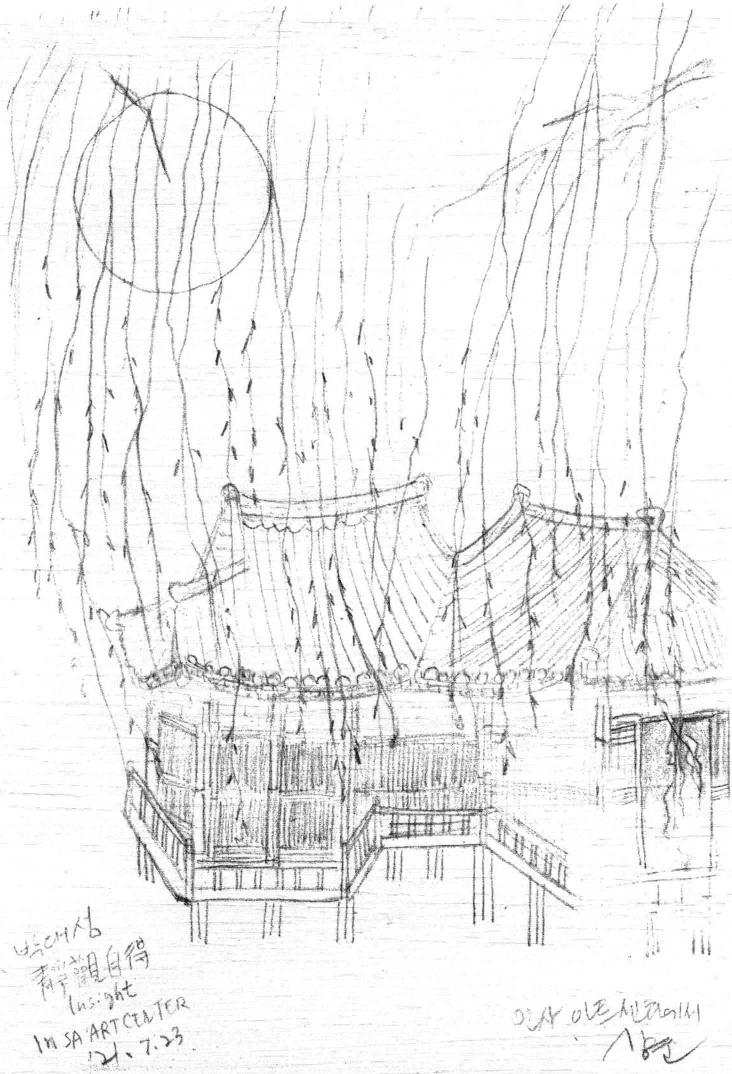

내면의 소리

세미한 소리가 외벽을 두드린다. 벽이 우두둑 갈라지고 천지가 진동한다. 존재가 존재를 만나서 티격태격하는 불협화음이다.

몸이 묵지건 하더니만 뾰루지가 났다. 사각지대에 자리 잡은 그것을 하루에도 몇 번씩 거울에 비춰본다. 몸 밖으로 나올 때까지 여러 번 신호를 보냈을 텐데 알아차리지 못했다.

오감은 드러난 것에 더 호들갑을 떨기 마련이다. 그런들 어쩌랴. 그마저도 몸의 일부라고 여기며 불청객이라 생각하지 않기로 한다.

새삼 신체 외형을 유심히 뜯어보았다. 관리는커녕 함부로 취급했는데도 지금껏 제 역할과 기능을 잃지 않았음에 주목한다. 그동안 주인의 무관심에 이골이 난 구성원들이 서운함을 지그시 깨물고 주인을 응시한다. 계속 방치 했다간 무슨 봉변을 당할지 모른다.

무관심을 걷어내는 순간, 봄의 소리로 깨어난 겨울 숲처럼 수런수런한 몸의 기관들. 정수리에서 발끝까지 차례차례 손을 들고 살아온 내력을 쏟아내기 시작한다. 신체 안팎의 울림이 오늘따라 크게 들린다.

땅 아래나 창공 너머, 그리고 내 안에서 무수한 생명이 소멸과 탄생을 거듭한다. 보이는 세상은 보이지 않는 세계의 지배를 받는 하위 계급이다. 모든 것은 보이지 않은 물질의 지속적인 간섭으로 존재하며 그 작용으로부터 벗어날 수도 없다. 그 관계성을 미처 돌아볼 여유도 없이 건성으로 세상을 걷다가 정작 내면의 소리를 놓치고 사는 경우가 허다하다.

처음엔 욱신거렸다. 그러다가 분노가 차올랐는지 수일 동안 뜸베질이 심했다. 성난 만큼 부풀어 오르고 나서야 터트려도 좋은 타협점에 이르렀다. 인상을 찌푸리고 어쩔 수 없는 의식을 치렀다. 내면의 소리를 듣지 못한 벌이다. 이제 진자리가 꾸덕꾸덕 마르면서 딱지가 내려앉아 마지막 탈피를 준비한다.

안팎으로 무수한 일이 벌어지고. 무유생물이 변화를 거듭하는 시공간에서 날마다 살 길을 찾아 나서는 사람들의 행진. 그 시간의 축적을 딛고 나는 또 하루를 일어선다. 몸을 창밖으로 반쯤 내밀고 창공을 올려다본다. 하늘의 품은 넓기도 하다. 날고 싶다.

더딘 걸음

여름 끝 장마로 하늘이 잡힐 듯 내려앉았다. 높을 때나 낮을 때나 든든한 의지처가 되는 지붕 같은 하늘이다. 타조처럼 멀리 뛰기를 좋아하는 나도 오늘은 보폭을 줄이고 낮게 살기로 정신의 가닥을 잡아본다.

자신의 정신세계를 그림으로 말하는 화가 박대성의 「정관자득靜觀自得」에 다가앉는다. 갈수록 나붓대는 마음의 공허를 다스리기 위한 내면 들여다보기라고나 할까. 익숙한 것들을 좀 더 구체적으로 살펴보고 그동안 소원했던 대상과 가까워지고 싶은 감성의 너울거림인지도 모른다.

여름 옷가지를 정리하고 가을살이에 필요한 것들을 꺼내놓는다. 무엇 하나 제대로 해보지도 못하고 한해가 기울어 가는데도 마음만은 그런대로 편안하다.

저녁반찬으론 고등어와 묵은 김치를 재료 삼아 조림을 해야겠다. 눅눅함을 걷어내는 소슬바람에 실린 나비걸음으로 먹을거리 사냥에 나선다. 빈 시장바구니에 바다향기가 먼저 차오른다.

시장을 한 바퀴 둘러본 뒤 생선가게에 들렀다. 고등어 옆에 가지런히 놓인 거무튀튀한 오징어가 싱싱하고 반지르르하다. 일만 원에 고등어 세 마리를 사들고 돌아서려다 오징어 값을 물었다. 두 마리에 만 원이란다. 천정부지로 뛰어오른 지 한참 되었건만 아직도 그대로다.

한 마리 사서 초고추장에 찍어먹을까. 입맛을 다시며 다분히 경쾌한 목소리로 "오징어 한 마리만 주세요." "한 마리는 안 팔아요." 매정하고 단호하다. 일만 원에 세 마리도 아니고 한 마리에 딱 오천 원으로 깔끔하게 떨어지는데 왜 저리도 얼음 같을까.

더구나 깎아 달라는 것도 아니고 혼자를 위한 소포장이 늘어나는 마당인데 저러나 싶어 무안하고 서운했다. 이왕이면 두 마리 사라고 회유한다거나 한 마리 사서 누구 코에 붙이려고 그러냐는 둥 부드러운 거래였으면 좋았을 것을. 사소한 걸림돌에 넘어져 기분이 상하고 말았다.

어제 덮은 단편소설에서도 비슷한 대목이 나온다. 티격태격하던 남녀가 거리에서 국화빵을 파는 천막 아래 섰다. "몇 개 드려요?" "다섯 개요." "다섯 개는 안 팔아요. 일곱 개가 기본이지. 빵틀에 좌르륵 일곱 개 국화가 있잖아……."이들은 두어 번 다섯을 힘주어 말하다가 나중엔 일곱 개에 승복하고 만다. 말랑말랑한 국화빵 나눔으로 그들의 다툼이 누그러지나 행간을 훑어보면서 싱겁게 웃지 않았던가.

한 마리씩 안 파는 것도 주인의 운영 방식이다. 냉정함도 그 사람 생각과 의지를 분명하게 드러내는 삶의 태도일 뿐이다. 제 입장에 치우쳐 상한 감정을 키운다는 거. 어쩌면 자기만의 틀에 갇혀 못난이를 자처하는 편협함이다.

다름을 인정하고 조화로운 사회를 소원하면서 이런 이중 잣대를 들이대는 내가 더 미련한지도 모른다. 생선가게 주인도 까마귀도 장미도 다 자기 방식대로 살아가는 것이다.

모두가 더욱 더 바라기는 서로 존중하고 존중 받는 사람살이가 아닐는지. 이해관계가 얽힌 이 땅에서 그리 쉬운 일은 아닐지라도 두어 걸음 물러서는 선에서 공감이 이루어진다면 불가능한 일도 아니지 싶다.

종내는 누가 물러서든지 별로 손해나지 않는다. 안 팔아도 그만이고 안 먹어도 그만이라는 막무가내보다는 타협점을 모색하면 의외의 소득이 따라온다. 감정 소모나 속상함이 하루의 행불행을 좌우하는 까닭이다.

생명의 흐름이 담담한 그림을 감상한다. 평생의 붓질을 통해서 정관자득에 이르렀을 터다. 탈피를 감내하는 고통의 길을 부단히 오르내렸을 화가의 심경을 읽는다. 희비의 한계를 넘나들며 빚어낸 그 미감의 경지. 한사코 번식하는 유해물질 걸러내기에 혼신을 다하는 몰아의 경지가 아니었을까 싶다. 그 무형의 성질을 닮고 싶은 나그네도 서툰 발길을 잇대면서 주억주억 가슴을 적신다.

비가 그치면 가을이 무르익을 것이다. 풍성한 황금벌판이 펼쳐질 텐데 열매를 따 담을 내 그릇은 태부족이다. 빈 그릇이 모자란다 해도 서두르지 않기로 한다.

사계절 피고 지는 생명은 무던히 썩고 발효되어 공기를 맑히고, 그 무상의 공기를 호흡하는 나그네도 한 구석 밝히려고 나약한 날개를 퍼덕인다. 작은 꿈일지라도 세상 밖으로 떨어지지 않도록 허술한 내벽 손질하기가 우선이다.

서로 속셈이 다른 거래로 잠시라도 심경이 뒤틀렸으니, 오늘도 더 낮은 자리에서 즐겁게 살기는 실패한 셈이다. 여러 빛으로 어우러진 세상을 만들지도 스며들지도 못하는 미련함을 언제나 털어낼 수 있으려나.

생선 비린내가 묵은 김치에 동화되었는지 특유의 냄새가 물씬하다. 노을 지는 식탁에 한 폭의 '정관자득'을 깔아놓고, 그래도 감사한 하루를 빚어보련다.

이제 창밖 나무들은 하늘을 넓게 품기 위해서 나뭇잎 물들이기에 나서리니, 나도 나무처럼 물들어 몇 걸음 도약했으면…….

11월을 걷다

〈풍경 하나〉

가문 날이 지속되면서 푸석해지는 만추다. 그래도 시절을 아는 나무는 몸 낮춤으로 하루가 다르게 청빈하다. 구름 몇 조각 흘러가는 창공에 마스크에 갇힌 답답함을 풀어놓는다.

지나간 쓴웃음에도 청신한 그리움의 날개를 달아주는 기차여행. 보던 책을 덮고 피로해진 눈을 스쳐가는 들판에 씻는다. 온몸으로 바람을 타는 갈대는 흔들리면서도 단단한 등줄기를 굽히지 않는다.

안톤 체호프의 「티푸스」 마지막 문장을 뚝 떠서 곱씹어본다. '그리하여 그의 기쁨은 일상의 권태와 돌이킬 수 없는 상실감에 자리를 비켜주었다' 티푸스에 시달리는 청년 클리모프의 심경을 명료하게 드러낸 대목이다. 육체가 정신을 지배하는 나약함으로 읽히기 십상이겠으나 닫힌 결말이라고 생각하지 않는다.

누군가 툭 건드리기만 해도 눈물이 쏟아질 것 같은 지금. 세상에는 얼마나 많은 클리모프가 울고 있을까.

기차가 달리는 속도는 차창밖에 눈을 두는 거리와 비례한다. 세상을 바라보는 마음의 거리도 이와 같지 않을까 싶다. 그 저릿한 자리에 겨자씨 하나 심는다. 슬픔은 상실감을 딛고 발돋움하는 기쁨에 자리를 내줄 것이리니.

〈풍경 둘〉

찻물을 올려놓고 주전자를 스케치 한다. 끓는점에 이르자 주전자가 만선의 뱃고동 소리를 지르며 주인의 해찰을 환기한다.

딸네가 주전자를 사오던 날, 기우뚱거리는 세상을 의식하듯 모녀는 이런 말을 주고받았다. "엄마, 손잡이가 고정되어서 불편하겠지만, 안정감을 주는 빛깔이 좋아서요.” 넌지시 지켜보던 사위가 환한 웃음을 보탠다. 도타운 부부의 마음이 선택한 주전자다.

손잡이가 좌우로 움직이지 않는다. 색감뿐 아니라 어떤 주장을 내 세우지 않고도 주변을 잘 거느릴 것 같은 중후함이 좋아서 나도 단박에 응수했다. “그래, 어느 쪽으로도 치우치지 않고 중심을 잡아주는 손잡이가 오히려 장점이네” 기능성에 중점을 두는 이즘 물건치고는 엉뚱한 발상이다. 만든 이의 철학적 고집이 작용했는지도 모른다.

예전 주전자는 원뿔모양의 산뜻한 은색이다. 혼자만 고지에 올라 깃발을 흔드는 도도한 모양새였다고나 할까. 그마저도 손잡이가 떨어졌다. 다른 주전자가 여럿 있어도 크기가 딱 그만한 것이 필요한데. 그 아쉬움이 되도록이면 물건을 사지 않겠다는 다짐과 줄다리기를 하던 참이었다.

주전자는 거센 풍랑이 빚어낸 바다색이다. 나라 안팎의 위기 상황으로 더욱 심화된 단절과 분열을 생각하면서 주전자를 닦는다. 이쪽저쪽 골고루 오가는 손길에 속이 말끔해진다. 세상을 향한 딸 부부와 내 생각이 합을 이룬 셈이다.

내일도 찻물을 끓이며 먼 바다에서 달려온 소망의 기적소리를 들을 것이다.

〈풍경 셋〉

적란운이 두둥실 떠 있다. 우르르 쾅쾅 장대비가 쏟아진다. 전염병 확산으로 사람살이가 어려워지면서 한숨 소리 깊어진다. 궤도를 한참이나 벗어난 11월 풍경이 낯설고 서럽다. 이런 중에도 누가 이사를 가나보다.

높다란 곳에 비스듬히 기댄 사닥다리가 무척 위태로워 보인다. 고층 아파트에서 괴나리봇짐 같은 꾸러미가 연신 내려온다. 인생이 떠난 자리에 또 누군가의 보따리가 부려질 것이다. 산더미 같은 짐을 지고 아슬아슬 오가는 사람들, 저 짐을 풀어놓고 얼마나 웃고 울면서 살아가려는지 그냥 찡하다.

구석자리를 지키고 있는 소나무가 망상을 깨운다. 나무 아래 빛바랜 솔잎이 수북하다. 늘 푸르고 싶어 미련 없이 떨어뜨린 군더더기라고 지나가는 바람이 말해준다.

탄탄대로를 전진하는 걸음만이 삐걱거리는 생애를 잡아주는 것은 아니다. 마른 땅과 젖은 땅을 오가면서 자라나는 참따란 의지가 제 갈 길을 열어줄 것이리니.

'산처럼 강인하게 살아라, 나무처럼 높게 걸어라, 봄바람처럼 부드럽게 살아라.' 오래전 인디언 노래를 흥얼거리며 젖은 거리를 내려다본다.

부족하고 불편해도 정신의 함량을 높여서 강인하면서도 부드럽게 살자는 외침일 것이다. 너도나도 빛으로 일어나 걸었으면 좋겠다.

또 따라온다

어느새 또 따라온다. 시도 때도 없이 평화를 해치는 잡념이다. 허투루 살아온 지난날을 추궁하고 면면히 물고 늘어지는가 하면 아직 살아보지도 않은 노년을 우롱한다. 은근히 위협적인 그놈들의 음모에 반기를 든다. 그리도 할 일이 없는지 애꿎은 사람의 약점을 파먹고 살아가는 놈들이다.

촐랑거리는 망령의 그림자와 힘겨루기. 뒤돌아보지 말자는 다짐도 썩은 새끼줄처럼 힘을 잃기 일쑤다. 나약하기 이를 데 없는 나그네는 그놈을 물리치느라 어깻죽지가 찢어지도록 팔을 내저으며 걷는다. 한낮의 그림자가 짧아졌다. 그놈의 꼬리도 발밑에 납작 밟히고 말았다.

그리고 오후가 무르익어 간다. 해질녘에 찬란하게 펼쳐질 우주 쇼를 기다린다. 광대 무궁한 하늘은 하루를 어떻게 마무리하는지 유심히 지켜볼 테다. 자연현상에 동화되는 거. 검은 유혹에서 벗어날 수 있는 최상의 명약이다.

연인들의 내밀한 속삭임이 저만할까. 황홀하다. 세기의 걸작을 꿈꾸는 예술가의 몽상에나 비견될까. 저 놀라운 빛을 흡수하는 대지의 관용이 놀랍기만 하다. 드러내놓고 벌이는 저 농염한 자태. 해와 달이 섞여서 생명을 탄생하는 신비로움의 절정이다.

시시각각 변화의 틈새로 새들이 날아간다. 황홀한 배경을 물고 질서정연하게 먼 곳으로 사라진다. 한마디도 하지 않으면서 많은 얘기를 들려주는 해넘이의 풍경. 남모르는 가슴앓이를 다독여주는 자연의 숨소리다.

만물을 잉태하고 거둬가는 하늘의 섭리, 장엄하고 엄숙하다. 봄이 눈을 비비며 저만 큼 오고 있다. 그 섭리의 문턱에 걸터앉아 잡념을 호미질 한다.

그가 차려준 밥상

또 서러운 봄맞이를 한다. 지구의 성난 발톱이 일상을 위협한다. 한결 부드러운 햇살을 온몸에 두르고 걸으면서도 봄노래를 탁음으로 부른다. 부지깽이도 봄이면 싹을 틔우고 싶어서 안달이라는데, 나도 봄바람에 좀 흔들리면 어떠냐고 대상없는 항변을 한다. 중병에 시달리는 지구별에서 살아가는 사람들. 그래도 쳐진 어깻죽지를 추스르며 곧 좋아질 거라는 기대만은 저버리지 않는다.

전염병으로 살얼음 같은 일상이 지속되는 지금, 보고픔이 부풀어도 말 주머니가 터질 것 같아도 만남을 차일피일 미루며 웬만한 외출은 접어둔다. 모이기에 힘쓰라는 성경말씀은 서로 사랑하라는 다른 표현일 터인데 그 진리의 말씀을 역행하는 요즈음이다.

두해 만에 친구와의 만남을 모색한다. 탁한 수중에서 피어나는 연꽃 같은 여행이 될 것 같다. 아직도 심상한 분위기를 염려한 나머지 장소 고르기는 의외로 신중하다. 그가 먼저 자기 집으로 와주었으면 좋겠다는 제안을 한다. 많은 사람이 들락거리는 공간에서 밥을 먹고 차를 마시기보다는 그런대로 그곳이 안전하겠다 싶다. 모처럼 서울을 벗어나는 행장을 꾸린다.

준비한 선물을 포장한다. 단단한 상자에 잘 담겼건만 이중포장을 하다니. 이런 행위로 이 땅의 오염이 가중되고 있음을 잘 알면서도 그런다. 진지한 결심으로 벗어던져야 할 사고방식이다. 얼른 벗겨내고 가방에 담았다. 유해한 대상을 물리친 듯 발걸음도 개운하다.

그의 집으로 가기는 더욱 오랜만이어서 시간여행의 묘미가 움튼다. 동네가 몰라보게 달라졌다. 아파트 숲이 우거지고 기름진 가게가 짜르르 들어섰다. 시멘트범벅이 흙을 삼켜버렸다. 예전 모습은 오간데 없고 말쑥한 신도시로 변모했다. 죽어가는 땅에서 어깨다툼을 하는 생명들이 만들어가는 내일을 그려본다.

햇볕에 반짝이는 지붕도 바람 넘나드는 울타리도 없는 고층건물 속 한 칸이 물질 가치의 기준이 되어버린 현실. 그 끝자락에 풍화된 세월에 기대어 수더분하게 제 자리를 지키고 있는 그의 집이 고향집처럼 푸근하게 다가온다.

집안의 가구나 누렇게 바랜 벽에 걸린 그림까지도 옛 모습 그대로다. 소유가 풍부한데도 그만의 방식으로 검박한 삶을 고집한다. 그 안에 지난 세월이 고스란히 스며든 얼굴로 정겹게 반겨주는 그가 살고 있다. 얼마나 고귀하고 눈물겨운 풍경인가.

점심상을 차려준다. 떡국에 곁들이는 반찬으로는 김치 하나다. 최소한의 물과 불로 만든 정갈한 음식이다. 스코트 니어링 부부의 소박한 밥상보다 조촐하다. 떡살이 우리 관계처럼 부드럽고 쫄깃하다. 떡국과 김치의 조합만으로 충분히 맛있다. 사랑과 정성의 양념만은 아끼지 않아서 그럴 것이다.

몇 해 전에도 그랬다. 비빔밥에 딱 한 가지 말간 된장국이 전부였다. 이 순간 그때도 잘 먹었다는 기억의 알맹이만 또렷하다. 평범하고 쉬운 거 같아도 만든 자의 의식이 우선되지 않으면 막상 실천하기 어려운 선택이다.

자연의 편에서 고민하고 관계의 진정성을 드러내는 밥상이라고나 할까. 약속이 잡히는 순간부터 무엇을 할까 방방거리다가, 가짓수만 늘여서 실속 없는 밥상을 차려놓은 나하곤 너무나 대조적이다. 사랑이라는 미명 아래 지知와 행行이 따로따로인 고질병의 꼬리를 자르지 못하는 스스로를 고발하고 싶다.

남김없이 그릇을 비운다. 절간의 발우처럼 설거지도 간단하다. 단순함으로 비운 자리가 넉넉하다. 그 자리에 무엇이 돋아나도 향기로울 것 같다. 무릎마침의 시간이 늘어난 만큼 교제의 수확도 풍성하리라.

나풀거리는 대화에 맞장구를 치다가 엇갈린 의견으로 주름진 목에 힘줄이 두드러지기도 한다. 버거운 시대를 외면하고 싶은 나태를 깨우는 신선한 몸짓이다.

가슴 저변에서 불일 듯 솟아나는 사랑이나 분노 같은 감정만 제대로 사용해도, 의식주의 습관을 조금만 개선해도 세상은 평화로지지 않을까.

환경이 심히 훼손되었다 하더라도 거친 탄식을 내뿜지 말자고. 원하지 않은 방향으로 뜀박질하는 세상일지라도 순하게 헤쳐 나가자고. 개인의 체감지수를 전체에 적용해서 호들갑을 떨어서는 안 될 일이라고 손바닥을 마주치며 활짝 웃었다. 단순한 철학에서 피어나는 합리, 너도나도 동참하는 합주合奏에서 피어나길 바라는 마음 아닐까 싶다.

아주 오래 전, 오월이었던가. 안양이나 군포 어디쯤으로 친구들과 딸기 밭에 갔었다. 지금은 겨울에도 딸기가 나고 예전 딸기보다 더 맛있다. 달라진 세태, 그 변화의 진면목을 진정한 관심으로 들여다보자.

모든 생명에는 물과 불, 공기와 흙에 뿌리를 두고 있으니. 경쟁은 치열해도 제 나름으로 성장하고 어우러져 다른 존재를 도와주기도 할 것이다. 다음엔 저 변화의 거리에 뛰어들어 우리 일상에 무엇을 가감해야 할지도 살펴보자고 했다.

혼탁한 시대를 걷고 있는 우리, 여행길에서 만난 봄을 반길 수 없다할지라도 함부로 꺾거나 짓밟지는 말아야겠다.

이 땅을 회복하는 출발은 너부터라고, 굳은 땅 비집고 나온 복수초가 노란 등불을 밝혀준다.

거부할 수 없는 초대장

빈 의자에 아카시 꽃이 수북이 떨어졌다. 말라가는 꽃잎에서 오래된 일기장 같은 냄새가 난다. 나무가 걸어온 일생이 응축된 고유의 향기다. 차올랐다 스러져가는 사연을 담담하게 풀어내는 의자가 쉬어가기를 청한다. 꽃잎을 쓸어내지 않고 포근한 어머니 무릎인 양 그대로 앉는다.

인적이 느문 산사락에 정적이 쌓인다. 시간이 몇 조금이나 흘렀을까. 깊어지는 상념을 깨는 소리가 가까이서 들린다. 흠칫 놀라서 뒷걸음질 치다가 심호흡하고 둘러보았다. 까만 털실 뭉치처럼 웅크린 까마귀 한 마리가 의자 밑에서 꼬르륵꼬르륵 앓고 있다. 손뼉을 치고 발을 굴려도 꼼짝하질 않는다.

후박 나뭇잎에 물을 따라주고 한걸음 물러서 지켜보았다. 다시 일어서려고 얼마나 몸부림했을까. 온몸이 흙투성이다. 윤기 자르르한 몸매로 창공을 가르던 시절이 떠오르는지 초점 잃은 눈을 힘겹게 떴다 감았다 한다. 어제 뵌 어머니가 아른거리면서 시야가 흐려진다.

봄이 왔는데도 잎을 틔우지 않은 고목처럼 희비의 감정이 증발해버린 어머니. 어떤 자극에도 흔들림 없는 무념무상의 표정으로 자식들을 바라보신다. 호흡 있는 자의 모습이 저럴 수도 있다니. '피골이 상접했다'는 말을 처음으로 실감한다.

어머니는 지금 어디쯤 걷고 계신 걸까. 어머니 면전에서 그만 속울음이 터지고 말았다. 창조주의 섭리를 간절히 거부하고 싶은 나약한 피조물의 탄식이다.

까마귀는 물 한 방울도 넘길 여력이 없는지 몸을 두어번 뒤채더니만 외면해버린다. 발걸음이 쉽게 떨어지질 않는다. 마침 행인이 다가온다. 반가운 나머지 그냥 무거움을 나누고 싶어서 말을 걸었다. "까마귀가 많이 아픈 것 같은데 어쩌면 좋아요?" 그는 힐끗 살피더니만 혼잣말을 하듯 "죽을 때가 되었나본데 어쩌긴요." 하더니만 가던 길을 재촉한다.

나는 걸음이 쉬이 떨어지지 않아 이런 심경을 끼적인다.

세월 분주한 삶의 거리
오월은 돌아서기 바쁘고
유월은 서둘러 오려하네
만물이 피고 지는 땅에서
오며가며 손 놓은 인연들
영생의 줄기로 이어지기를
태초부터 언제나 창조주는
사철 바람으로 가르치건만

모든 생명이 가는 길을 의젓하게 받아들이지 못하고 자꾸만 뒤돌아보는 내가 유치한 걸까.

지는 해를 바라보며 자매들과 나란히 걷는다. 여섯 해 전에 하늘나라로 가신 아버지를 생생하게 그려본다. 이미 세상 떠난 지인들도 화제에 오른다. 내용이 구체화되면서 우리 중에 누가 먼저 갈까를 주거니 받거니 한다. 현재 상태를 짚어보고 제 입장만 내세우다보니 터무니

없는 주장을 앞세운다. 남는 자가 되기 싫다며 서로 양보하는 아이러니다.

사랑하는 너와 나를 잃고 싶지 않은 가슴과 가슴이 포개지고. 그 절절함에 머지않아 어머니가 돌아가실 거라는 예감이 더해진 자매간의 애달픈 심리전이 아닌가 싶다. 죽음에 이르는 당위를 수긍해야 하는 현실을 지그시 깨물며 우리는 눈길을 하늘에 둔다.

해 그늘이 깊어진다. 금방이라도 천국에서 어머니를 부르는 초대장이 날아들 것만 같다. 가는 자나 남는 자나 종국에는 아무도 비켜가지는 못할 터다. 언제일지 모르는 그 순간을 미리 차용해서 모든 시간에 덧씌우진 말자. 부질없는 사유에 매여서 하루를 허사로 살았다는 자괴감. 늘 그렇듯이 온몸을 저녁시간에 부려놓고 나서야 미진하게나마 깨닫는다.

거울 앞에서 긴 머리를 손질한다. 한 지체로 먹고 자란 머리카락이 생명에서 무 생명으로 떨어진다. 거울 속 여인을 물끄러미 바라본다. 살아온 날들이 퇴석층처럼 쌓인 얼굴에서 어머니를 발견한다. 언니와 동생들의 모습도 닮은꼴로 겹친다.

그동안 그다지 행복하지도 그렇다고 불행하지도 않았다. 어떤 일을 겪었던 당시엔 이보다 훨씬 슬펐거나 기뻤거나 했을 텐데. 이렇듯 무던한 심정으로 회상할 수 있다는 거. 지금에 나를 데려다 놓은 시간의 선물이 아닐는지. 그 기적 같은 선물에 기대어 인생을 경작하고. 내내 눈에 밟히도록 안타까운 어머니의 지금과 내일도 견뎌낼 것이다.

가위를 내려놓지 못하고 온갖 흔적이 배어 나온 얼굴을 민망하도록 바라보다가 머리를 싹둑 한 번 더 자른다. 훨씬 홀가분하다. 현상 너머를 바라보는 심안도 더욱 깊어지리라.

이 순간 어디선가 꽃잎이 피고지고. 까마귀가 다음 까마귀에게 생을 이어주는 대지의 축제. 그 자연스러운 생멸의 마당에서 나도 산드러진 춤사위로 오가는 시절을 노래해야지. 거울 속 여인이 이디든지 동행해도 좋을 만큼 함초롬해졌다.

못난이

푸름이 깊어가는 숲. 지저귀는 새들의 날갯짓이 평화롭다. 구름은 초록 지붕에서 다리쉼을 하고 간절히 손짓하는 마을로 흘러간다. 존재하는 것들마다 생명선을 따라 서서히 나서는 구실로 주변이 밝아진다.

유리병에 꽂힌 장미나 오지항아리에 담긴 국화는 비록 생명이 짧다 해도 얼마나 향기로운지. 그럼에도 쉽게 시든 꽃을 보고 싶지 않아서 적극 들여놓지는 않았다.

다채로운 관계 맺기에 흠뻑 뛰어들지도 못했다. 사람이 그립거나 보고 싶지 않아서가 아니다. 열정과 정겨움의 결핍도 아니다.

산을 오르고 고궁을 거니는 것도 혼자가 좋았고. 공연이나 미술전람회 등의 감상은 혼자가 더욱 편했다. 성향이 다른 이들과의 조율이 번거롭다는 핑계로 덜 부대끼는 쪽으로 가닥을 잡아갔는지도 모른다.

외손녀 은지가 들여놓은 우아한 꽃 리시안셔스. 은은한 향기를 즐기면서 아이의 할미 사랑을 그려본다. 이제라도 삶의 방식을 수정해볼까 자문한다. 심층 깊숙이 청진기를 들이댄다. 이성의 역할은 경험치 선에서 존중하되 억누른 감성을 해방시키는 거. 어디까지 허용해야 할지는 아직도 잘 모르겠다.

초현실주의 작가처럼 거창하거나 획기적인 자아 표출은 아니더라도 어떤 버릇 같은 얽매임에서 벗어나 볼거나. 어쩌면 그들도 작품으로 드러냈을 뿐 실제 삶에서는 부자유를 해소하지 못한 채 한탄의 세월을 살아냈을지도 모르지만 말이다.

또 혼자서 덕수궁 미술관에 갔다. 『미술과 문학의 만남』, 인연들이 엮어낸 작품이 여름밤 삼베이불이듯, 겨울밤을 데워주는 목화솜이불이듯 고귀한 빛을 발한다.

마음을 주고받으며 의지할만한 곳에 기대인 결과물에 귀티가 난다.

남다른 개성과 예술가적 기질이 농후했을 이들의 교제를 나름으로 유추해본다. 일제 강점기와 육이오 전쟁 전후의 열악한 환경. 눈물 젖은 빵을 먹으며 가슴으로 보듬어주면서도 더러는 밀어내는 반목의 그늘도 드리워졌으리라.

그 파열음을 조화로움으로 이끌어내느라 얼마나 애썼을까. 타오르는 열정과 억눌린 욕구를 작품으로 승화하는 가슴앓이도 만만치 않았을 터다.

서로가 마음의 울타리를 허물지 못했더라면 사장되었을 정신의 소산이다. 작가들의 고뇌와 환희를 통해서 스스로를 비춰보고 오늘을 조명해본다.

이여성과 김기림, 정지용과 장발, 이태준과 김용준……. 수많은 작가들이 서로의 작품세계에 뛰어들어 '시를 그림에 잇대어, 그림을 시에 잇대어' 소통하며 어두운 시절을 밝히는 길잡이가 되어준 것이다. 시인과 화가의 순순한 예술성, 절절한 만남에서 탄생한 예술문화다. 그 토양은 진지하게 교류하고 깊이 사랑하므로 닦여졌으리라.

더불어 살아온 인연을 살펴본다. 생각만 해도 눈물이 날 정도로 소중한 사람도 있고 어쩌다는 옷에 배어든 기름얼룩처럼 언짢은 관계도 있다. 어떤 인연이든 한 생애를 꾸려나가는데 재료가 되고 배경이 된다. 모래바람과 오아시스가 공존하는 사막처럼 오늘을 추스르는 자양분이기도 하다.

달달하고도 씁쓸한 삶의 이중주. 힘겨움도 시와 노래로 풀어냈던 지난날이 오늘의 지팡이가 되어주련만 매사에 망설이는 걸음이라니. 걸림돌이 많을수록 아름다운 소리를 내는 시냇물처럼. 걸림돌을 피하기보다는 디딤돌로 삼음이 좋겠다.

미술관 감상을 가슴팍에 새기노라니 미적거리다가 때를 놓치고 살아온 세월이 맥쩍어진다. 더욱 가까워지거나 조금씩 멀어지고 잊히면서 어른거리는 잔상들. 바람이 불면 흔들릴까봐 비가 오면 젖을까봐 움츠러드는 그 머뭇거림이 가중될수록 마음의 길엔 어둠이 내릴지도 모른다.

내 잣대로 무익하다고 성급하게 굴었던 일들도 유익한 것이었음을 뒤늦게야 알게 된다. 빈들을 거니는 가슴에

돌풍을 일으켰던 흔적이라도 새롭게 해석하고 싶어진다. 황량한 가슴에 좀 더 유연하고 자유로운 기백이 두드러지는 색칠을 하고 싶다.

햇살은 구실을 하느라 저리도 부산한데 제 틀에 갇혀 녹슨 세월. 녹아내리지 못하고 굳어버린 그 시간의 벽은 높기만 하다. 그 둘레를 휘적휘적 돌아보며 늘품어린 의지로 수정해야 할 부분을 짓이긴다.

미술과 문학의 만남, 사람과의 만남이 아름다운 거다. 이제라도 머뭇거림의 페달을 힘껏 밟으며 성 밖으로 나가고 싶다. 거기 누구 없소? 못난이 등 밀어줄 사람!

마음의 집

작은 동아리가 해체되었다. 당분간이라는 수식을 달았지만 회생할 가능성은 매우 낮아 보인다. 만남이 기다려지는 공동체였다. 올록볼록한 성품이 자유롭게 흐르다가 가끔은 포말이 일기도 했다. 그 특이한 현상과 도발적인 변화를 견뎌내지 못했다고나 할까. 다름을 밀어내는 관용의 부재다. 너도 나도 반거충이, 마음의 집이 부실한 탓이다.

지난밤 자주 오르내리던 계단이 무너졌다. 서로를 받쳐주는 지지대가 잦은 폭풍우를 이겨내지 못했나보다. 헐거워진 관계를 추스르지 못하고 네 탓으로 돌아선 우리 모습을 닮았다. 패이고 질퍽해진 길을 겅중거렸건만 신발은 흙투성이가 되었다.

이런 저런 모양으로 삶이 일그러졌는데도 간간히 열리는 하늘은 맑고 파랗다. 앞이 캄캄할 때면 올려다보라고 하나님이 열어놓으신 창문이 아닐까. 그 아래 펼쳐진 세상풍경을 요리조리 나누어 보다가 경계를 지워가면서 전체를 둘러본다.

그러다가 눈앞에 피어있는 들꽃에 집중한다. 세찬 바람에도 제 길을 놓치지 않고 줄기를 뻗어가는 의지. 늘 어여쁜 미소와 아담한 언어로 시절을 노래하는 메꽃이다.

불순한 일기에 시달리면서도 활짝 웃는 모습이 달포 전에 찾아와 울다가 웃다가 내려간 울산 아이를 닮았다.

자리 타박하지 않고 잘 자라며 연약한 것 같으면서도 당차게 번식하는 식물이다. 감당하기 아름찬 사랑과 인생의 반환점을 제대로 인식한 그 아이나 나도 차돌 같은 다짐으로 허리를 곧추세우지 않았던가.

습도 높은 무더위에 사람마다 젖은 솜 같건만 길가에 풀은 무성하다. 그 아이도 생명력 왕성한 저 풀처럼 기운이 충천했으면 좋겠다.

'네가 찾아들 즈음 내 마음의 집도 대폭 수리 중이었거든. 네 모습이 내 모습 같아서 좁은 가슴을 두 배로 활짝 펴서 끌어안았는데. 속살 헤집고 퍼 올린 염려와 위로가 가감 없이 전해졌는지 몰라. 그 시간을 하늘이 다시 울어주고 싶은 걸까. 소나기가 또 한바탕 쏟아진다.

얼마나 걸었을까. 흙투성이 신발이 말끔하게 씻기고. 태양을 품고 흘러가는 시간이 중천을 한참 벗어났다. '모나리자의 하품'이라는 카페가 다리쉼을 청한다. 높은 천장에서 커다란 선풍기가 풍차처럼 돌아가고. 나그네를 안내하는 주인의 적당한 친절이 편안하다. 구석구석 그의 안목을 대변하는 소품을 배경으로 차향과 어우러진 사람들. 잠시 날개를 접고 스며들어 상념을 빗질하기 좋은 분위기다.

차 한 잔 시켜놓고 구름에 실려 가듯 멍 때리기를 한다. 한참을 그렇게 앉아 있는데 기꺼이 리필해주는 주인의 성심에 빵 접시가 따라온다. 식구들이 먹으려고 만든 건데 맛보라고 한다. 지나친 관심과 냉랭한 무관심을 걷어낸 자리에 피어난 소담스러운 경영의 지혜. 저런 가슴이면 어떤 어둠도 녹아들 수 있겠다.

우리 동네 새롭게 들어앉은 가게도 그런다. 우선 외벽

둘레둘레 놓여 있는 꽃분들의 화사한 인사가 싱그럽다. 주변을 내 집처럼 가꾸는 주인의 속내까지 읽히어 안으로 들어가고 싶은 충동이 일곤 한다. 개업 축하용 화분이 시들시들 죽어 가는데도 버려 둔 옆 가게 얼굴이 부끄러워졌으면 하는 오지랖도 끼어든다.

어느 날 맑디맑은 창으로 안을 들여다보다가 주인과 눈이 마주쳤다. 쉬었다 가라는 한마디에 흔쾌히 발을 들여놓았다. 유리병에 꽂힌 꽃들이 사방에서 방긋거린다. 선택받은 꽃이라서 더욱 귀하고 어여쁜지도 모른다.

요즘 같은 불경기에 꽃값도 만만치 않을 거라고 했더니. 성심을 팔고 있으니 작은 행복이라도 들어오지 않겠느냐며 웃음으로 답한다. 그 소박한 바람이 얼마나 눈물겹던지 내심 중얼거렸다. '하나님 저 여인의 마음 들으셨는지요.'

달달한 하품으로 머리가 개운해졌다. 가리개가 반쯤 내려온 창을 통해서 바깥세상을 본다. 주관적인 사고가 객관적인 관점으로 전환하면서 시야가 넓어진다. 찻집과 음식점 빵집이 도담도담 모여 있는 골목, 걷는 이들의 허리 이상은 보이지 않는다.

다리가 길거나 짧은 사람들이 천천히 혹은 빠르게, 뒤로 멈칫멈칫 그리고 쭉쭉 앞으로 뻗어나간다. 프로방스 라벤더 향기에 젖은 걸음일까. 히말라야 눈보라에 씻긴 걸음일까. 그 아이처럼 절망에 빠졌다 막 피어난 꽃의 속삭임에 깨어난 걸음일 수도 있겠다.

한걸음이 자신과의 화해이고 또 한걸음이 타인과의 악수다. 창조주가 간섭하는 개인의 생활사는 우리 역사로 이어질 소중한 호흡이다. 서로가 긍정의 심지를 돋우고 사노라면 무거운 짐을 내려놓을 수 있는 마음자리는 넓어질 텐데. 어쩌면 그 아이도 나도 자기만의 틀에 갇혀 힘들게 살아왔는지도 몰라. 비워지는 찻잔에 지난날의 잔영이 떨어지고. 멘델스존의 「무언가」 선율이 흐르면서 존재의 가벼움과 무거움의 수위를 조절한다.

누구나 좋은 사람을 만나기 원할 것이고. 가게들마다 많은 손님이 찾아들기를 고대할 거다. 폭우에 젖은 이깨를 푸근히 기댈만한 자리를 그들은 마련해 놓았는지. 나는 동아리가 잘 굴러가도록 길을 닦으며 모두가 편안하도록 성심을 다했는지. 그런 바람이 어디에서 불어오는지 우리는 알고 있다.

어떤 이가 손바닥만 한 가게 하나만 잘 운영해도 누군가는 마냥 행복해지는 것을. 동아리가 회복되지 않더라도 좋은 한때였다고 기억되길 바라며 부실한 생각을 추스른다. 내 마음의 집은 비바람에 젖은 이가 늘어진 하품을 하며 쉬어가는 곳이었으면 좋겠다고.

얼룩진 창을 닦는다. 나무의 흔들림이 생생해진다. 지나가는 사람의 움직임이 좀 더 밀도 있게 다가온다. 뒤틀린 부분을 바로잡고 제 기능을 잃어버린 곳은 수리한다.

마음의 집을 두드리는 걸음이 편안하게 쉬어갈 수 있도록. '쉬어가기 좋은 집'이라고 문패를 달아도 괜찮을 만큼이면 더할 나위 없겠지.

뾰쪽한 것들과의 화해

나뭇가지가 눈자위를 찔렀다. 아프다. 대뜸 가지를 꺾고 말았다. 너도 아프겠다. 그래도 눈을 다치지 않아서 다행이다. 저도 몸통을 다치지 않아서 다행이라고 여기지 않았을까. 자기중심에서 뻗어 나온 가지가 행인을 찔렀으니 방향을 잘 못 잡은 셈이다.

그 가지를 살피지 못한 행인의 부주의도 시비是非에서 자유로울 수 없기는 매한가지 아닌가 싶다. 먼저 살폈더라면 몸을 수그리거나 비켜갈 수도 있으련만. 순간 제 입장만 내세운다. 한 발자국 물러나서 무의식중에 삐져나온 이기심을 꺾어낼 일이다.

찬바람 이는 대지에 가랑잎 뒹구는 날. 친구와 찻집에서 마주 앉았다. 차 향기 맑고 그윽한데도 그의 표정은 착잡해 보인다. 창밖으로 던지는 눈동자엔 수많은 줄임말이 고여 있다. 자세를 곧추세우더니만 주머니에서 접힌 원고지를 꺼낸다. 바스락바스락 펴는 손길에서 한탄조의 언어가 쏟아진다.

사회현상을 다룬 내용이다. 논리정연하면서도 날카롭다. 책갈피에 눌린 이파리처럼 건조한 문장에는 어떤 미사여구나 겉치레가 전혀 없다. 거기서 그치지 않는다. 높아지는 탄식이 자조적 한숨이 되었다.

여기저기 갈라진 틈을 메워보려고 애쓰는 친구다. 그의 글에 가슴을 좀 더 밀착하고 숙독한다. 간간이 거친 어투가 튀어나온 곳에서는 숨고르기가 벅차다. 그런 부분은 다듬고 뾰쪽한 문장은 은유로 순화하면 좋겠다는 한마디를 얹는다.

순간 '너나 잘 하세요' 우스갯소리 같은 꾸짖음이 내 안에서 꿈틀한다. 더불어 사는 인간사를 바르게 읽어내는 식견을 갖춘 그의 큰 끄덕임이 오히려 민망하다.

눈 뜨면 마주치는 현상들. 사안에 따라 가재미눈이 되

곤 한다. 자신의 정서에 배치되거나 인성을 해치는 풍토를 너그럽게 바라보기란 쉽지 않다. 시시때때로 내면의 가시가 나를 찌른다. 편견이 키운 가치관에 함몰된 아집인지도 모른다. 화해의 길이 평탄하도록 그 가시를 뽑으려는데 버티는 힘이 만만치 않다.

사람과 사람을 이어주는 말이나 글, 행위를 제대로 사용하려면 자타의 심층을 고뇌하는 작업이 필요하다. 인애와 정의를 내세운 가치관에 바탕을 둔 주관적 견해라면 반감의 거리가 좁아질 텐데. 나는 부족하면서도 손가락은 다른 사람을 향한다. 친구도 그런 마음이어서 불편해 보이지 않았나 싶다. 어쩌면 이 땅을 사는 모두가 그러고 있는지도 모른다.

직유하면 싸움이 일까봐 은유로 송알송알 굴리곤 한다. 정작 하고 싶은 말은 행간에 묻어둔다. 시간도 해결할 수 없는 것들에 신경을 곤두세우진 말자고 스스로를 다독인다. 서로 간에 불편한 의자를 만드는 거나 다름없을 테니까

돌아오는 길, 골목기행이나 하려고 엉뚱한 역에서 내렸다. 사람냄새는 직선이 만들어낸 각진 건물들이 삼켜버렸나 보다. 집들이 서로 닿을 듯 들어섰는데도 정겨워 보이질 않는다. 언젠가는 이마저도 사라질지 모른다는 씁쓸함을 달래면서 이모저모 풍경을 기웃거린다.

지긋한 어른이 골목을 쓴다. 싸리 빗자루가 먼저 들어온다. 나긋나긋한 몸놀림이다. 구부정한 어른과 한 몸이 되어 곡선으로 잘도 휜다. 무생물에 생명을 불어넣은 거다. 시멘트로 덮인 골목에선 빗살무늬 흔적을 볼 수 없다는 게 아쉽다.

어린 시절 정겹게 뛰놀았던 마을을 그리면서 걷는다. 그렇구나. 시멘트 길이 직유라면 흙길은 은유인 거야. 세상이 각박해질 수밖에 없는 까닭을 이제야 알아챈 듯 새삼 먹먹해진다. 그 어른이 허리를 펴고 웃으며 묻지도 않았건만 친절한 안내를 한다. 계속 가다보면 막다른 골목에 이른다고.

큰길이나 전철역으로 통하는 길을 찾고 있는 줄 알았을 터다. 나그네의 자유로운 걸음을 알고 나서야 짧은 속내를 비친다. 처음엔 살벌해서 정붙이기가 힘들었는데 동네를 쓸고 닦으면서 정이 들었다고. 넘침이나 모자람에 투덜대지 않는 여유 공간을 자기 안에 만들어서 살아가면 좋으리라. 그 인향에 스며들어 나도 잠시나마 따뜻한 이웃으로 머문다.

어차피 골목기행이니 끝까지 가보기로 한다. 한참을 걸어도 훤히 뚫린 길인데 종내는 막혔다니 주민들의 불편이 이만저만 아니겠다. 막다른 길이 새로운 출발점이 되도록 골목을 환하게 가꾸는 어른이 있어 얼마나 좋은가. 더 이상 갈 수 없는 길을 되돌아 나오는데 잃어버린 목도리를 찾은 듯 훈훈하다.

매사에 기우는 건 순간이고 균형 잡기는 더디다. 진중하게 생각하고 걸러내기에 골몰하기도 한다. 체가 너무나 촘촘해도 아니 되고 지나치게 성글어도 아니 될 것이다.

너나 가더라도 빔새 태양을 꿈꾸다가 하루를 여는 새벽처럼 청신한 걸음이었으면 좋겠다. 모든 화해의 장에 꼽아야할 우선순위는 먼저 내려놓음이요. 공존의 기술이 아닌가 싶다.

친구의 글이 개방된 공간에 올라왔다. 고민한 흔적이 역력하다. 글의 흐름을 방해하는 낱말은 싸리 빗자루처럼 유연해졌고. 주장하는 목소리는 골목을 지키는 어른처럼 생생하게 살아있다. 멋진 조율이며 편안한 귀결이다.

내 눈자위는 벌써 아물었는데 나무는 잘 자라고 있을까.

제 5 부

사랑을 널다

시시때때로 하늘을 올려다본다. 둥근달이 두둥실 떠올라 순전한 빛을 발한다. 전깃불로 밤을 밝힌 도심에서 살다 보면 놓치기 십상인 풍경이다. 잡다한 일들이 윙윙거리는 현실을 달빛으로 쓸어내리며 민낯으로 다가선다. 보이지는 않으나 실존하는 손길에 이끌리는 가슴이 뭉클하다. 살아갈 현상들을 둥글게 바라볼 수 있는 심안이 열리는가 보다.

꽃씨를 뿌려놓은 정원을 들여다보듯 이렇게 하늘을 올려다보곤 한다. 사랑으로 차오르고 사랑으로 이우는 모습에 투영된 나를 발견하는 감상이 더없이 좋아서다.

세상은 난장판처럼 어수선해도 하늘나라는 영원무궁

아름다울 거라는 환상 끝자락에 쓸쓸함이 묻어나기도 한다. 하나님은 온전한 사랑이시건만 헤식은 내가 뜨겁지도 차갑지도 않아서 그런지도 모른다.

자꾸만 달을 쳐다본다. 방해꾼 같은 마천루가 우리 사이를 가로막는다. 그는 장애물을 홀연히 넘어서 나를 값없이 안아준다. 그리곤 속삭인다. 그 쓸쓸한 감성의 공간에 태초부터 불어온 사랑의 씨앗을 심어보라고. 잘 가꾸어서 그 사랑을 나누면서 사노라면 평안이 깃들 거라고. 지나가는 갈바람도 하늘의 비밀을 아는 듯 등을 밀어준다.

누군가 옆에 있다면 하늘과 땅 사이에 일어난 얘기를 밤새도록 하고 싶다. 어쩌면 아무 말도 하지 않을는지도 모른다. 아직은 설익은 얘기라서 안으로 굴리는 침묵이 필요할 수도 있으니까. 달밤이 풀어놓은 서사만으로도 온몸에 별이 돋아나고 어깻죽지가 하늘로 들썩인다.

가을 숲에 이파리가 떨어진다. 시시각각 생명의 떨림이 낙엽으로 눕는다. 수많은 마침표가 쌓이고 쌓여서 흙으로 돌아간다. 흙은 뭇 생명의 터전이며 새로운 생명의 출발점이다.

한 노인이 휠체어에 앉아 해바라기 한다. 눈을 깜박이지 않고 상대를 잠잠히 바라본다. 무슨 사족을 그리 많이 달고 끙끙거리느냐고 묻는 것 같다. 무욕의 눈동자엔 생성과 소멸을 설명하는 바람이 스친다.

생生의 미련으로 사死를 멀리 하고 싶은 내 안의 이중심리를 비춰본다. 조금은 성스러워지는 또 다른 자아가 보인다.

저만큼 살아온 동안 얼마나 많은 사랑을 널고 거둬들이는 수고를 했을까. 묵묵히 앉아 있어도 한 세기를 감아온 나이테가 말한다. 삶의 가치는 처음부터 나중까지 자아를 들이대지 않은 사랑이라고.

딸아이의 아침인사에도 사랑이 실렸다. "달아나는 가을이 아깝네요. 하늘에서 쏟아지는 황금빛 햇살에 무엇인가 널고 싶어요." "정말 그러네. 우리 사랑을 널자. 햇볕에도 달빛에도 널자꾸나." 맞장구치는 사랑을 주고받아서 고봉밥처럼 쌓는다.

올릴수록 포동포동해지는 영혼, 이고지고 구석구석 나르고 싶다. 그래, 사랑을 살피는 일이 우선이야. 눅눅해지지는 않았는지. 너무나 건조해서 바스락거리지는 않은지 들여다봐야 돼.

어쩌면 곰팡이가 서렸는지도 모르잖아. 그동안 사랑을 내 방식대로 굴렸는지도 몰라. 볕 좋은 언덕에서 익어가는 호박들과 뒹굴면서 나부터 포쇄 하는 게 좋겠어.

순간 훌쩍 성장해서 주변을 돌아본다. 말이 앞서기보다는 귀를 기울이는 자세가 먼저일 테니까.

이런 마음 몇 조금이나 지속될지 모르지만, 사랑할 대상들이 금방이라도 사라질 것처럼 갑자기 바빠진다. 뾰쪽한 세상사도 끄덕이면서 돌아가는 지구처럼 둥글게 움직인다.

꽃들이 사랑으로 피어나 열매를 위해서 지듯이 나도 그런 생애라면 얼마나 좋을까. 여름이 오는 문턱에 신록을 열어놓고 가는 싱그러운 봄처럼. 첫눈을 불러놓고 물러가는 넉넉한 가을처럼. 사랑의 징검다리를 놓고 가는 충성된 종처럼 말이다.

진심이 굴절된 현실을 받아들이기 버거워서 헤매기도 하고 울기도 했다. 다른 이의 눈물 한 방울 성심으로 닦아주지 못했다. 껍데기에 집착해서 동동거리고 내 감정에 사로잡혀 은둔하다가 그랬는지도 모른다.

햇볕에 자라는 열매만이 사랑은 아니라는 걸 언제 알았을까. 고통이 감사와 기쁨을 키우고. 그렇게 무르익어 가는 사랑이야말로 생명 샘을 퍼 올릴 수 있는 두레박이 될 수 있다는 걸 어느 결에 배웠을까.

신호등이 빠르게 바뀌는 거리에서 허수아비 같은 인생을 추스르고. 만물을 향해 목례한다. 하나하나가 스승 같은 사랑으로 일어선다.

가을볕에 사랑을 널자. 가을볕이 짧다면 달빛인들 어떠랴. 음악당의 잔향 같은 사랑이라면 부시지 않아서 더욱 좋으리라. 낮은 자리에 내려오신 하나님 사랑처럼.

그늘에서 놀기

그동안 웃는 날보다 우는 날이 더 길었을까. 그 보랏빛 그늘을 뽑아 올려 나만의 양지를 뜨개질하는 나날이었다는 담담한 회고를 한다. 찬란한 날에도 별스럽게 굴지 않았고, 어둠이 앞을 가려도 낯빛을 흐리지 않았다는 기억에 방점을 둔다.

망각이 작용한 인식의 오류인지도 모른다. 그렇더라도 쑥스럽지는 않다. 철렁 흔들거리다가 제 자리로 돌아오는 여정에서도 자존감을 잃지 않았으니, 무슨 바람이라도 어떤 길손이라도 잘했다고 토닥여주지 않겠는지.

문을 활짝 열었다. 문밖에서 서성이던 엷은 햇살이 집

안 깊숙이 들어온다. 태양을 머금은 잿빛 밝음이다. 그늘진 구석을 가만가만 어루만져주는 빛이다. 비좁은 화분에 뿌리를 내린 생명들이 빛을 향해 고개를 든다.

천장이 낮은 아파트 공간에 어둠을 살아온 문장들도 빼곡하게 일어선다. 답답한 기운이 감돌 때마다 살랑거리면서 불편을 환기하는 문장들이다. 오랜 세월 다듬어진 그 문장들이 신선한 바람을 불러온다.

아침이슬 서너 방울로 심안을 닦아내고, 울타리 안팎에서 유수한 인물과 희비의 역사를 만나곤 한다. 하나님을 사랑하는 욥처럼 낮은 무릎으로 다가서면 무엇을 만나도 가슴 벅찬 선경 아닌 것이 있을까. 내가 미처 경험하지 못한 과거를 거닐면서 현재를 살고 내일을 내다보는 걸음이다.

교통망이 손금처럼 뻗어있어 몇 발짝 건너뛰면 미술관에 닿고, 그 건너 건너마다 퇴색하는 정신을 자극하는 전시장이 널려있다. 시간을 경영하는 세상은 울타리 없는 박물관이고 예술마당이다.

미술관 가는 길모퉁이에 웅크리고 있는 잔설. 탄식처

럼 얼어붙은 것들도 곧 녹아서 이미 물이 된 것들과 어우러져 생명으로 흐를 것이다. 전시장에 들어서자 시대의 아픔을 딛고 일어선 작품들이 큰 울림으로 다가와 소통의 문을 열어준다.

내면의 암暗과 명明을 녹여서 형상화한 작품들. 작가 문신文信은 장르를 넘나드는 풍부한 예술성으로 우주만물과 교감하고 시대를 대변하는 거인이다.

그 침묵의 그늘에서 타오르는 또 다른 빛에 이끌려간다. 해체한 어둠에 오체투지의 고뇌를 짓이기면 이런 빛이 발현되나 보다.

예술이란 타자와의 소통에 방해물을 걸러주는 완충지대라고나 할까. 세상을 다른 시선으로 읽고 해석하는 대상과의 조우다. 막힌 벽을 허무는 생명언어다. 언어의 유용성과 무용성 사이에서 감상자는 이야기의 끈을 놓지 않는다.

큰 작품은 몇 발자국 물러서야 제대로 감상할 수 있고, 소품은 가까이 들여다보아야 면면이 보인다. 세상일도 그럴 테지. 설멍한 가슴을 여미고 잠시 쉬어가는 의자에 앉는다.

햇살 좋은 날, 바람이 노를 젓는 한가로움에 몸을 맡기고 무작정 떠돌았던 지난날들. 한때는 푸른 기류가 솟대처럼 상승한 감정 선에 무지개가 돋아나기도 했다. 그런 날이 지속되었더라면 살찐 돼지처럼 뒤뚱거리다가 넘어져 어디론가 곤두박질치고 말았을지도 몰라.

모든 피조물은 그늘을 가미해야 탄탄해지고 균형이 잡힌다는 거. 그늘을 잘 활용한 작품이 큰 울림을 주듯이 인생살이도 마찬가지 아닐까.

마른자리든 진자리든 가리지 않는 아이처럼 편안하게 뒹구는 요즘이다. 희비가 요동치는 상황에서도 오만함으로 부풀거나 절망으로 떨어지지 않으면 양질의 사람으로 살아갈 수 있지 않을까 싶다. 아픔 없는 참 평화는 없다고 외치는 식상의 깃발을 새롭게 바라본다.

건조한 땅에 빗방울이 떨어진다. 그런 하늘의 섭리와 내시의 품에서 우리는 한 걸음씩 죽이가고, 영생을 추구하며 본향을 그리워하는 뿌리가 조금씩 뻗어간다.

작가는 그늘의 생명력으로 그 영원성에 닿아 숨 쉬는 작품을 만들었다. 이 땅을 받쳐주는 정신문화는 대부분 그늘에서 태동한 것들로 그 시대를 반영하고 미래를 견인하는 선두주자가 되어주곤 한다.

나도 그늘을 빛으로 살았기에 지금 여기에 있다는 거. 어둠을 가르고 다가오는 첫차의 불빛 같은 지난날의 문장들이 따사롭다.

해거름 연륜에 닿아 있는 지금

입추를 한 가닥 물고 온 것일까요. 고마리 군락지에 어디선가 잠자리 한 마리 날아듭니다. 시들한 여뀌와 바랭이, 새포아풀과 괭이밥들이 맨발로 쪼르르 반깁니다. 주변을 삼켜버릴 듯 기세등등한 환삼덩굴은 폭염 속에서도 주위를 아랑곳 하지 않습니다. 위협적인 줄기를 뻗어 주변을 감고 앞으로 나갑니다.

지인들과 숲에 들어 얘기꽃을 피운 엊그제 일이 생각납니다. 물을 정화시키는 고마리가 환경지킴이라는 별칭을 얻었답니다. 방패처럼 생긴 잎 모양은 환경단체 마크가 될 거라나요.

생태계의 상생과 생존의 지혜가 거론되면서 분위기가

한층 고조되었습니다. 이기의 칼날이 번뜩이는 현실을 땀이 비적거리는 손 안에서 굴리며 연신 고개만 주억거렸습니다.

세상을 녹일 듯 타오르는 팔월이 산책길에 열뜬 적요를 깔아놓았습니다. 깍깍 울어대는 산새들과 간간히 불어오는 바람에 팔랑거리는 백양나무 이파리가 숲 골짜기를 흔들어 놓습니다. 자연의 소리는 한 옥타브 높아져도 소음으로 들리지 않습니다. 사람살이 지혜의 보고인 까닭입니다.

하늘 길을 여는 비행기가 첩첩한 고요를 깨트립니다. 어린 날엔 하얀 꿈길 같은 비행기 꼬리를 붙들고 싶어서 하늘을 망연히 바라보곤 했습니다. 해질녘 패랭이 꽃 핀 들판은 왜 그리 슬픈지 마냥 서성거렸지요.

신세계로 향한 발돋움은 미루나무 키만큼도 날지 못하고 유폐되어버린 성장 시절. 타인의 시간처럼 무심히 흘러 보낸 그 시절에 나는 아직도 머물러 있는 것일까요.

해거름의 연륜에 닿아있는 지금, 어긋난 관계를 어쩌지 못하고 질척질척 헤매고 있습니다. 그 발단과 내용은 관계의 진의나 본류에서 한참이나 벗어났기에 더욱 그렇습니다. 상한 감정을 거침없이 드러내며 엇나가버린 상대가 얼마나 안타까운지요. 결국은 그가 꼬인 구석에 기름을 붓고 말았으니까요. 문제는 그럼에도 나는 굳이 변명하고 싶지 않았다는 점입니다.

스무 해 동안 엮어온 우정이 이런 오해에 아무런 뒷받침이 되지 못한다는 자괴감이 밀려온 것이지요. 우정이란 진정성에 대한 허탈과 부끄러움이 관계의 바닥까지 몰아간 셈입니다.

저 비행기도 고귀한 것만 선별해서 싣고 가지는 않습니다. 그곳에 오르는 조건이 선악이나 옳고 그름에 달려 있지는 않으니까요. 별의별 사람과 잡동사니를 싣고도 비행기는 떠오릅니다. 무거움도 가벼운 듯 높이 그리고 멀리 날아갑니다.

때로는 불쌍시니운 일이 벌어져도 잘 조절하고 봉합해서 목적지까지 무사히 착륙해야 하는 의무가 우선입니다. 기내의 규칙을 따르고 겉으로 드러난 과격한 행위만 삼가면 대부분 무탈하게 운행되곤 합니다. 그곳도 세상의 축소판이나 다름없으니까요.

하나의 우주라는 내 안에도 온갖 요소들이 공존합니다. 머리와 가슴, 짧은 거리에서 오가는 수많은 충돌로 비본질의 생각이 난무합니다. 서로가 열린 가슴으로 다가선다면 한층 성숙한 우정을 노래하는 마당이 펼쳐질 텐데요. 지난날을 수정하거나 오해를 풀기는 쉽지 않은 모양입니다. 어떤 이는 멀리 두거나 묻어두고 사는 것도 또 다른 사람살이라고 말하기도 합니다만, 글쎄요.

성경에는 무엇으로 살고 어떻게 죽어야 하는지 면면이 기록되어 있습니다. 어디 하나님 말씀뿐이겠습니다. 어떤 경전의 가르침도 마찬가지일 것입니다. 잘잘못을 따지기보다는 먼저 화해의 손을 내밀라는 아가페 사랑을 누누이 강조합니다. 그 기준이 너무나 높아서 범인으로서는 거의 불가능합니다. 그래도 그곳에 이르기 위해서 가슴 넓히기에 힘써야겠지요.

원망과 서운함이 웃자라 평안의 자리를 점령합니다. 그것에 함몰될까 봐 또 다른 나와 줄다리기하는 요즘 자꾸만 조갈이 납니다.

잠시라도 현실을 벗어나고 싶어서 스케치를 합니다.

바짓가랑이를 말아 올린 초동이 초록을 한오금씩 휘어 잡아 베고 있습니다. 메뚜기도 두어 마리 그려 넣습니다. 어린 시절 들판에서 흔히 보았던 풍경입니다.

화면에서 볼 수 없는 장면은 내 가슴에 그려집니다. 꼴망태를 걸머진 소년이 하늘을 걷습니다. 하루의 밥벌이를 하고 귀갓길에 오른 행복한 걸음입니다. 이쯤에서 비행기가 하얀 꼬리를 흔들며 날아가는 모습을 더하기 합니다. 꼭 샤갈의 그림을 닮았습니다.

사람은 독소가 없는 풀로 가축을 치고 거기서 먹을거리를 얻습니다. 그 삶의 순환 고리가 얼마나 순후 하겠는지요. 어긋남의 우정도 그렇게 회복되지 않을까요. 이런 날엔 나도 하늘 아래 고마리이고 싶습니다.

어둠속에 빛이라

〈어머니를 기리며1〉

사이렌 소리가 산천초목을 뒤흔든다. 짙게 드리운 상념 탓에 오늘이 현충일이라는 걸 잠시 잊었다. 겹겹의 어둠을 헤쳐 온 태산 같은 숨결에 저절로 머리가 숙여진다. 나무들도 성호를 긋듯 푸르게 흔들린다.

산자들의 가슴에 새겨진 저들의 영정影幀은 이미 검은 색이 아니다. 검은 발자취에서 빛으로 탄생한 분들을 기리는 묵념을 한다. 며칠 전에 돌아가신 어머니도 또 다른 희생의 열매로 자연스럽게 떠오른다. 숭고한 어둠의 역사가 유월을 깊게 들여다보게 한다.

한강의 『검은 사슴』을 막 덮었다. 소설 밖으로 나왔는데도 어둠의 여운이 가시질 않는다. 하나같이 죽음과 동행하며 어둠을 쫓아가는 사람들. 검은 장막을 걷어내기에 분주하다. 그 골짜기는 끝이 보이질 않는다.

이 땅의 시작은 끝이 있다는 걸 전제하므로 소망의 끈을 놓지 않길 바라는 마음으로 나는 그들의 가슴에 등불 하나씩 밝힌다. 모든 삶에는 빛과 어둠이 공존한다는 거. 어쭙잖은 경험에서 비롯된 등불이 아닌가 싶다.

어둠과 담대히 씨름하는 걸음은 빛을 포기하지 않은 정신에서 비롯된다. 어둠의 실체를 모르면 밝은 세상을 제대로 구현할 수 없다는 논리는 궤변일까. 이 모양 저 모양으로 세상 구석구석을 순환하는 빛과 어두움. 인간사를 직조하는 고귀한 재료이며 아름다운 무늬다. 칠흑 같은 어둠을 이고지고 헤맬지라도 자유의지로 숨을 쉴 수 있는 이유다.

세상은 어둠의 시간을 달리면서도 털썩 주저앉지는 않는다. 잘못된 구조나 관행, 인간의 탐욕이 가져다준 현상들. 지구가 당하고 있는 환경이 예사롭지 않다. 사회상도 자꾸만 검어지려고 한다. 그런 세상을 걷는 사람들의 얼굴이 일그러진다. 목마름을 해갈할 우물을 파는 고뇌의 그림자였으면 좋겠다.

소설에는 사진에 매료된 장이라는 이가 등장한다. 사진이 어둠의 예술이 아니라 빛의 예술이라는 것에 실망하고. 그 회의감이 깊어져 사진 찍기에서 멀찍이 물러난다. 소나무가 이고 있는 적설을 바람이 털어내는 것이 아니라 온도가 녹여야한다는 고집 같은 거다. 검은 색을 한 꺼풀 벗겨내고 싶은 적의 없는 냉소, 그 외줄타기 정신을 기꺼이 따라가 본다.

그렇게 빈둥거리다가 어느 날 그의 동공이 크게 열린다. 탄광사진에서 눈이 번쩍 뜨이는 어둠의 예술을 발견했기 때문이다. 최악의 환경에 던져진 모습에서 최상의 작품성을 끌어내고 싶은 결연한 의지. 인간 내면에 서린 희열이나 고통의 심층을 포착해서 세상을 변화시켜보고 싶은 소박한 의지다.

인내와 고통이 협력해서 얻어지는 결과물에서 가장 진솔한 내면이 드러난다는 신념에 집중하고. 낯간지러운 타협은 단호히 거절한다. 자의든 타의든 피사체에 씌워진 위선 너머의 본질을 들여다보고 싶은 작가정신이다.

이뤄지는 찰나의 순간보다도 그 정점으로 향하는 순간 순간의 과정이 더욱 값질 것이므로.

그 어둠의 도정에서 책의 페이지가 멈춘다. 검디검은 사연들이 열려있는 까닭에 갖은 상상력을 동원해본다.

죽은 자들의 성스러움이 감도는 유월의 창공처럼 참혹한 현장에 던져진 목숨에서 민족혼이 살아나고. 그들의 숨결로 이 땅에 자유의 깃발이 펄럭이듯이…….

어머니가 하늘나라로 떠나신 날. 당신의 자녀들이 검은 옷을 입고 배웅한다. 자애로운 미소를 짓고 계신 영정사진을 바라본다. 어둠의 예술일까, 빛의 예술일까. 빛의 예술로 어둠을 지었겠지. 나는 살래살래 아니라고 한다. 어둠으로 지었기에 저리도 아름다우신거야.

생멸의 명암으로 지속되는 순환이론에 주의를 기울인 S작가의 솜씨다. 그는 우리 집에 놀러 와서 부모님이 절대 필요한 것을 선물하겠다며 영정사진을 만들어 놓고. 사십대 초반에 히말라야 설산에서 눈부신 설인이 되었다.

죽음은 당장일 수도 훗날일 수 있다. 생의 마지막 시

간을 유보한 채 웃고 있는 저 사진은 어쩌면 가식일지도 모른다. 하지만 죽음 자체를 인식하는 작가의 순수이성은 진실의 실체를 담았을 터이다. 어둠을 빛으로 다스린 예술가의 손에서 다시 태어나신 어머니. 그리움이라는 잔영으로 내 삶을 간섭하고 붙들어 주시리라.

모든 이가 빛과 어둠에서 태어난 한 장의 사진처럼 찰나의 순간을 살다간다고나 할까. 세계의 지붕을 오르다 죽음을 맞이한 그의 순간은 어땠을지. 요양원에서 하늘의 부름을 받은 어머니의 마지막 순간은 어땠을지. 아마도 아무리 토해내도 차오르는 외로움을 걷어내는 순간이었을 거다.

어둠에서 빛의 알갱이를 모으는 소설속 인물들이 한 목소리를 낸다. 자신을 그리고 누군가를 따뜻하게 하려고 헤쳐 온 어둠은 지고한 걸음이며 빛이 아니어도 좋았을 거라고.

나는 울지 않기로 했다. 어머니는 어둠을 벗고 천국에 입성하셨다. 그곳에 튼 둥지가 더없이 아름답다는 천상의 언어가 내 귓가에 머문다. 우리는 그 길을 향해서 걷고 있다. 소설속의 장씨나 내 친구는 진실을 포착하기 위해서는 절벽 끝이라도 마다하지 않았다. 그들이 혼신을 다해 추구하는 세상은 어둠에서 잉태하리니. 그것만이 자신을 지탱해주는 힘이었고 실존의 보람이었으리라.

구름이 함박꽃처럼 피어난다. 제 멋대로 방만해진 도시의 표정이 다소곳해졌다. 햇빛 찬란한 날에는 멀리만 보이던 하늘이 어수선한 주변을 감싼다.

두어 뼘 내려단 태극기가 바람에 펄럭이면서 세상을 깨운다. 황금 같은 두어 뼘 그 거리에서 선영들의 넋이 되살아난다. 내 친구와 장씨의 날갯짓이 거기서 무르익어가고. 어머니의 눈물방울도 더불어서 반짝인다.

너와 내가 걸어온 어둠이 생명의 빛으로 환원되는 시간이다. 어둠이 빚어놓은 따뜻한 온도에 삶을 의지한 사람들이 사이렌 소리에 머리를 숙인다.

푸른 하늘 아래서

〈어머니를 기리며 2〉

화사한 계절이 눈 깜짝할 사이 푸른 옷소매에 가려졌다. 청춘의 맥박처럼 빛나는 여름도 그다음의 열매 거두는 시절도 비움의 길을 열어 놓고 물러설 터이고. 먼저 오는 이도 나중에 오는 이도 시냇물처럼 자연스럽게 한 곳으로 흘러가겠지.

뭉게뭉게 수국 향기가 온 누리에 퍼진다. 꽃들은 구름이 어디로 흘러가는지 바람은 어디서 불어오는지 알고 있을까. 피었다가 시들어버린 어머니의 한생을 물어본다. 바람에 흔들리며 그저 웃는 꽃들이 우둔한 인간의 하소연을 토닥이며 대답한다. 그건 창조주 하나님이 알고 계신다고.

어머니를 호적에서 지우러 가는 길은 생존의 치열함으로 분주하다. 남매들과 공원 벤치에 앉았다. 맥락 없는 아픈 얘기가 꾸역꾸역 이어진다. 며칠 전에도 어머니를 뵙고 가는 귀갓길에 이 벤치에서 다리쉼을 했다. 그때 머지않아 돌아가실 거라는 예감은 했었지만 시간이 이렇게 앞당겨질 줄은 몰랐다.

그날 어머니가 눈을 크게 뜨고 우리를 바라보셨다. 허공을 맴도는 눈빛이 아니었다. 무엇인가 고이 담아내려고 여력을 모으시는 정한의 눈빛이었다고나 할까. 어머니 가슴을 더듬어 보았다. 너무나 크다고 불만하시던 젖무덤은 뼈에 달라붙어 흔적도 없이 사라졌다. 수고하고 무거운 짐 내려놓은 백세라는 나이테. 걸어오신 마디마다 저리고 아팠다.

출렁거리는 내 인의 강물. 표면장력에 가슴을 의지하고 어머니 손을 꼭 잡았다. 마른 단풍잎 같은 손에서 의외로 강한 기운이 느껴졌다. 땅의 간절함과 하늘의 무한한 사랑이 담긴 무언의 몸짓 같은 거. 생사 간에 풀어 놓을 것과 매듭지어야 할 심중의 고백이 아니었을까 싶다.

화창한 날인데도 내 가슴일기는 흐림이다. 너희를 사랑하는 내 안에 모든 것 내려놓고 평안에 들라고 하나님이 말씀하신다. 궁극적으로 우리가 추구하는 최상의 평안이 아니던가. 불가항력의 현상에 쓸데없는 의미부여는 하지 않기로 한다. 하늘의 위로를 갈망하며 주위를 둘러본다.

꽃들이 어쩌면 저리도 고울까. 이런저런 모습으로 천상의 말을 걸어온다. 가던 길을 멈추고 잠시나마 순전한 눈 맞춤을 한다. 오고 가는 나그네들 지친 걸음 북돋우려고 예쁘게도 피었구나. 가까이에선 개미들의 움직임이 꽤나 진지하다. 저보다 수십 배 큰 덩치를 끌고 가느라 안간힘을 쓴다. 이 땅을 살아가는 생명들의 행진은 멀고도 험하다.

어떤 개미는 작은 부스러기를 물고 잽싸게 달리고, 어떤 개미는 무거운 덩어리를 힘겹게 끌다가 버려두고 어디론가 가버린다. 그리곤 다시 와서 있는 힘을 다해 끌고 간다. 사실은 그놈이 그놈 같아서 다른 놈이 와서 끌고 가는지는 알 수 없다. 저곳에도 개미로 살아남기 위한 나름의 생존 본능이 작동하겠지.

보도블록 사이에 난 풀숲도 상관하지 않는다. 그들에겐 거대한 장애물이나 다름없을 텐데 무거운 짐까지 끌고 간다. 피해서 가면 좋으련만 제 길인 양 기어코 넘어간다. 그럼에도 우리가 해찰하는 사이 저만큼 가 있다. 어머니도 자식들이 미처 살펴드리지 못한 힘겨운 나날을 견디면서 백세에 이르셨을 거다. 그 인생길이 얼마나 서럽고 외로우셨을까.

호젓한 골목에서도 붐비는 대로에서도 부질없는 회한이 차오르곤 한다. 이 시간 보리밭을 흔드는 바람은 얼마나 푸를까. 연인들의 어깨에 내려앉은 세상은 하늘빛으로 충만하겠지. 주변이 아름다울수록 내게 드리운 그늘이 짙다. 자연이 발산하는 빛에 대비되는 현실이 빚어내는 잉여 감정인지도 모른다.

어머니 이생에 마침표를 찍고 돌아오는 길. 앞장선 남동생이 쳐진 어깨를 추스르며 걷는다. '이 또한 지나가리라'는 진리를 되새김질하는 몸짓이 아닌가 싶다.

위를 올려다본다. 생존의 아픔을 내려놓으신 어머니

가 웃고 계신다. 우주를 다스리시는 하나님의 속삭임이 푸르기만 하다. 꽃이 지고 열매가 무르익으면 더욱 선명하게 들릴지도 몰라. 세상 어디에도 푸른 기운이 비켜가는 음지가 없기를 바라며 작은 날개를 편다.

나는 곧 누구나

지구는 불덩이처럼 달아오르고. 어디선가는 냉혹한 현실이 일으키는 날파람에 사람들이 곤두박질한다. 인간은 고난을 통해서 성장한다는 격언, 그 고통을 견디고 나서 딛고 일어설 땅이 있을 때 그 명언은 빛을 발한다. 진통이 깊어져도 출구가 보이지 않은 불모지를 걷는 누군가에게는 공감의 여지없는 잔인한 말일 수도 있으니까.

광화문에 자리한 단골 영화관에 간다. 인왕과 백악, 목멱산 맥이 둘레둘레 뻗어 성곽을 이룬 이곳엔 역사의 흥망성쇠가 서려 있다. 시선을 멀리 두고 그 중심지를 거닐 때마다 천혜의 환경에 늘 감탄하곤 한다. 그 아름다움의 뒤안길엔 이런저런 연유로 피켓을 들고 가슴앓이를 하는 이들의 절규가 그치질 않는다.

인간의 욕구는 어디까지 다다라야 만족하는 것일까. 극한의 고통이나 거대한 소유의 경험이 없기에 가늠하기 어렵지만, 행복지수는 사람대접을 받을 수 있는 환경에서 충족되지 않을까 싶다.

영화 『토리와 로키타』는 다르덴 형제의 합동작품이다. 작품을 소개하는 그들의 얼굴은 밝다. 아마도 좋은 세상을 그려보는 심경을 대변하는 표정이었으리라.

아프리카 난민인 두 아이의 생활은 참혹하다. 벨기에의 입국과정은 까다롭고 그 장벽은 너무나 높아서 최악의 상황에 부딪치곤 한다. 최소한의 인권조차도 패대기 당하고. 암흑이나 다름없는 환경에서 상처투성이로 살아간다. 그 동선을 따라가는 감상자의 심기도 몹시 불편하다.

아이들의 처절한 눈물에서 강한 의지가 드러나기도 한다. 문제는 대항할 수 있는 힘이 역부족이어서 그 눈물의 끝이 보이지 않는다는 거다. 저런 현실을 받아주는 세상은 어디에도 없는 것일까.

누구의 잘못도 아니고 아무나의 잘못일 수도 있다. 피눈물을 닦아줄 이 땅의 박애가 마른 것은 아니다. 내편일 때는 넘치고 반대편에 처한 자들에게는 작용하지 않을 뿐이다. 사람은 입장에 따라서 평화의 도구가 되기도 하고 총칼을 휘두르는 도구로 쓰임 받기도 하니까.

토리와 로키타 같은 참담한 처지는 눈만 크게 뜨고 보면 우리 주변에서도 얼마든지 목격할 수 있다. 여린 아이들이 폭우 속 꽃잎처럼 짓물러가는 현실. 인간은 왜 불행을 양산하는 싸움을 계속하는지 알면서도 모르겠다는 우문을 곱씹으면서 진정한 인권의 씨앗을 뿌리는 평화주의자들을 만났던 지난 사월을 소환한다.

제주 포도 뮤지엄에 『그러나 우리 사랑으로』라는 주제로 한 묶음이 된 일곱 아티스트의 작품이 전시되었다. 디아스포라 문제를 제시해서 관람객과 더불어 공감히고 고민하는 마당이다.

주제는 무거우나 우리가 간과하는 것들에 대한 내용을 입체적인 구성과 환상적인 색채로 표출했다. 1년이라는 전시기간이 많은 사람을 불러들이고 싶은 야심 찬 기획이라는 걸 말해준다.

어떤 작가는 뒤에 오는 동족이 길을 잃지 않도록 러버덕을 놓고 가는 이주민들의 쓰라린 발자취를 설치했다. 부서질 듯 몸부림하는 고독의 언어들이 무딘 발걸음에 일침을 가한다. 덕지덕지 서글픈 참상을 한눈에 그려보는 이 대목에서 누군들 삶에 대한 본질을 의문하지 않을 수 있을까.

이주노동의 고달픔과 난민들의 모습이 내 모습과 다르지 않다는 거. 나라의 운명에 따라 내 처지가 바뀔 수도 있다는 거. 전시 공간마다 너와 나도 난민이 될 수 있다는 역지사지의 일깨움으로 가득하다.

현실은 난감해도 마음의 온기를 한 순갈씩 모으면 언 땅을 헤매는 그들을 녹여줄 수 있다는 거다. 무관심에 찌든 그 당위의 거리가 좁혀지는 순간이다.

조국의 운명을 등에 지고 하와이나 멕시코로 떠난 우리 선조들이 불현듯 아른거리고. 그 희생의 바탕에 세워진 나라에 내가 살고 있다는 무의식 속 부채의식이 날개를 퍼덕인다.

전시 작품 중 요코 오노의 〈채색의 바다(난민 보트)〉가 관심을 집중시킨다. 관람객이 그 취지에 참여하는 내용이라서 그런가 보다. 주제에 대한 의견이나 소망을 남겨놓는 공간이다. 입구에서 덧버선과 파란 물감과 붓을 나누어준다. 하얀 공간에 빈 보트가 덩그러니 놓여 있다. 커다란 창고 같은 방이 유의미한 목소리로 파랗게 채워진다.

희망을 부르는 하나의 바다가 되었다. 생생한 언어들이 새맑은 파도처럼 춤을 춘다. 세상이 해결할 수 없는 난제를 이슬 같은 마음들이 모아져서 모든 생명이 숨 쉬는 바다가 될 거라는 예술가의 외침. 그 심중에 다가서자 오래전에 예술의 전당에서 전시한 존 레넌의 생애가 저절로 떠올랐다.

평화를 위한 그의 노래가 바다를 가르는 보트처럼 파란 물결을 일으켰었지. 나도 함께 노를 젓고 싶어서 존 레넌과 요코 오노 부부의 메시지가 박힌 가방을 구입해서 귀갓길에 오르지 않았던가.

가방에는 'WAR IS OVER'라고 소원하는 그늘의 발가벗은 모습이 그려졌다. 생명의 본질을 돌아보게 하는 에덴동산의 모습이라고나 할까.

지구상에 발발한 싸움이 아직 끝나지 않았는데도 전쟁은 끝났다고 마침표를 찍었으니. 얼마나 절실한 바람이었으면 그랬을까. 더구나 'if you want it'을 뒤에 달고 있는 문장이라서 더욱 애달프다.

세상 어디선가는 늘 전쟁 중이다. 그 와중에서 전쟁고아 난민 등 오갈 데 없는 인생이 양산된다. 그런 인생을 품어주자는 나라간의 논의는 제 살기도 버겁다는 핑계거리에 가려지곤 한다. 나도 난민으로 표류하는 인생이 아니기에 다행이라는 안이함으로 무디게 살고 있다.

'혼자 꾸는 꿈은 꿈이지만, 함께 꾸는 꿈은 현실이 된다'는 요코 오노의 세상을 향한 바람. 토리와 로키타의 절실한 바람이며 누구나의 바람일 것이다.

불모지처럼 마른 가슴팍에 잔잔한 파도가 일렁이는 오늘이 눈물겹다.

내일의 시간을 열어 놓고

삶의 초점이 흐려질 때면 그곳으로 달려가곤 한다. 목멱산 정기와 한강의 기적을 끌어안고 자리한 박물관이다. 우리 고유의 유산이요 보물창고다. 여기서 허기를 채우기도 하고 비만을 덜어내기도 한다.

정신의 조탁으로 또 다른 풍요를 누릴 수 있다는 거. 고귀한 자산을 소유하고 있는 거나 다름없다고나 할까. 은근하고 줄기차게 인류의 역사가 살아 숨 쉬는 곳. 숭고한 숨결이 쌓인 시공간에서 굳어지는 근육을 푼다. 시제를 뛰어넘는 문물을 만나고, 나 같은 사람과 나 같지 않은 사람을 만나서 시들한 심지를 돋우곤 한다.

인생과 예술을 안내하는 책이 숲을 이룬 도서관에서 뭉

개다가, 전시장을 들락거리다가, 문명을 벗기도 하고 다시 입기도 하면서 나태를 깨운다. 그리곤 우리 풍속과 전통에 뿌리를 둔 박물관 정원을 거닐면서 생각을 고른다.

오늘도 박물관 정원에 들었다. 오랜 풍파에도 묵묵한 석상石像 옆 의자에 앉는다. 조금 전에 머물렀던 사유의 방, '반가사유상' 앞에서 가다듬은 마음이 아직은 흐트러지지 않았다.

곧 출판할 가제본을 짚어가면서 수정하고 페이지를 넘긴다. 군데군데 끝이 없다. 어차피 끝없을 테니 그만 덮고 일어선다. 우리에게 바람 길을 터주는 유물들도 그렇게 탄생하지 않았을까, 감히 생각을 잇대어보기도 하면서 말이다.

이처럼 깊고 넓은 곳에서 해동갑으로 놀곤 한다. 어제와 오늘이 이어지고, 주체와 객체가 한끝이라도 소통할 수 있다면 이런 행보가 헛되지는 않으리라. 기대하는 걸음걸음으로 내일의 시간을 열어놓는다.